競走馬の適性を5つに分けて激走を見抜く!

脚質ギアファイブ

安井涼太
RYOTA YASUI

GUIDEWORKS

序章（はじめに）

本書を読み進める前に、私から一つ皆さんに質問です。

上がり３ハロン33秒台を使える馬と上がり３ハロン35秒台しか使えない馬

仮にこの２頭が同じレースに出走した場合、あなたはどちらが強いと思いますか？

もし今この本を手に取っている方でこれを即答できるなら、少し考えを変えた方がいいかもしれません。なぜなら、今回がどのような条件で行われるかの説明をまだしていないからです。

おそらく、即答した方は「上がり33秒台を使える馬」と答えたのではないでしょうか？
でも、果たしてそうでしょうか？ 例えば、ウマ娘で話題のゴルシちゃんことゴールドシップ。私も最近ではありますがウマ娘は全て視聴しました。アニメとして非常に完成度が高くて、サイレンススズカのあのシーンやトウカイテイオーとメジロマックイーンのあのシーンなんかは思わず泣いてしまいました。ちょっと話が逸れましたが…ゴールドシップは私も現役時代から見ており、この馬の事は良く知っています。３歳時こそ共同通信杯で上がり３ハロン33秒台を使えていましたが、古馬になってから勝利したレースでは最も速い上がりが３ハロンで34・５秒。つまり、ゴールドシップは上がり３ハロン35秒台しか使えない馬の分類に入るでしょう。しかし、同馬を弱い馬とは誰も言わないと思います。少なくとも、ＧⅠを６勝している馬が弱いという事は断じてありません。

たしかに、数字の速さだけで見ると上がり33秒台を使える馬の方が速いのは間違いありません。もし、競馬がタイムトライアルであればこれで正解です。しかし、競馬はタイムトライアルではなく競走。つまり、相手よりも先にゴールした方が勝ちのゲームとなります。タイムの速い、遅いというのは結果であり、速いタイムを目指すことが目的ではありません。あくまで目的は先にゴールすることになります。

そして、競馬においてもう一つ重要な要素が、芝とダートに始まりＪＲＡだと全10場ある異なる競馬場、さらに同じ競馬場でも内回りや外回りといったコースの違い。距離も違えば、開幕週や開催後半、悪天候による馬場状態の変化など異なる条件下でレースが行われます。

では、ここで先ほど例に挙げた上がり33秒台を使える馬と上がり35秒台しか使えない馬について考えてみましょう。

例えば、今回が東京競馬場の芝１６００ｍで行われると仮定しましょう。この場合、前走で上がり３ハロン33秒台を記録した馬の勝率はおよそ11％となります。それに対し、上がり３ハロン35秒台だった馬の勝率はおよそ７％。確かに、タイム通り速い馬が勝つ可能性は高そうです。

しかし、これが中山競馬場の芝１２００ｍだったらどうでしょう？　この場合、前走上がり３ハロン33秒台だった馬の勝率は８％。先ほどよりも下がりましたね。ちなみに、前走上がり３ハロン35秒台だった馬の勝率も８％と同じ値になります。さて、数字が持つ価値が変わってきました。

では、札幌競馬場の芝1800mではどうなると思いますか？　なんと、前走上がり3ハロン33秒台だった馬の勝率は7％となり、前走上がり3ハロン35秒台だった馬の勝率10％よりも低くなります。数字の上では速い馬が遅い馬に逆転されるという現象が起こっているのです。

直線の長い東京競馬場と、直線の短い中山競馬場。また、距離も道中はゆったりと流れやすいマイル戦と前半からペースが流れるスプリント戦ではレースそのものが大きく異なります。洋芝オンリーの札幌競馬場では東京競馬場や中山競馬場ともまた違うでしょう。ここまでは芝だけで例えましたが、ダートではそもそも上がり3ハロン33秒台を使える馬はいません。芝とダートではそもそもの速さの価値が違うのです。速い上がりを使える馬すら存在しないのです。

つまり競走馬には脚の速い馬がいれば、遅い馬もいる。極論を言うと、競馬とはこの二択に集約されます。そこに上も下もなく、この2頭の優劣はタイムの速さではなく脚の速い馬が走りやすいレースなのか、それとも脚の遅い馬が走りやすいレースなのか。つまり今回の条件に当てはまっているかどうかが重要なのです。

本書で紹介するギアファイブという理論は、脚の速い馬と遅い馬、そして脚の速い馬が走りやすい条件と脚の遅い馬が走りやすい条件を車のギアに喩えて1〜5速の5つに分類してわかりやすくしたものになります。脚の速い5速の馬はレースサーキットのようなスピードを出せる5速の条件で、脚の遅い1速の馬はオフロードのようにスピードを削がれるような1速の条件で、というように競走馬の適性を見極めて適した状況で評価するための方法をお伝えしていきます。ぜひ最後までお付き合いいただけましたら幸いです。

1章 ギアファイブ理論とは

勝つためには「競走馬が力を出せる条件なのか」を見抜くことが大事

競走馬は常に一定の能力を発揮できるわけではありません。もちろん、ディープインパクトのように稀にどのような条件でも走れる馬はいますが、これは例外中の例外。冒頭で話したようにＧＩ７勝のゴールドシップや、ＧＩ９勝馬アーモンドアイだって苦手な条件では大敗してしまうのが競馬なのです。また、大敗ではなくても得意な条件では勝てるが、苦手な条件では勝ちきれないというのも同じ。条件が異なれば発揮できる能力も異なるのが基本。競馬で勝つためには「競走馬が力を出せる条件なのか」を見抜くことが大事になります。

そして、この**「競走馬が力を出せる条件なのか」**を見抜く方法は血統であったり展開であったり調教であったり様々な方法が存在します。その中でも本書では主に**ラップ**を用いて解説していきます。

ラップと聞くと難しい数字や計算式を思い浮かべる方もいるかもしれませんが、その点はご安心ください。数字はもちろん使いますが計算式は基本的には四則演算で導き出せるものばかりですし、難しい数式はできるだけ使わないようにしています。

というのも、基本的に数値はそのままの値こそが競走馬の全てを表していると考えているからです。

よく、指数の作成などには馬場差というものが使われます。これは全てのレースが同じ条件下で行われた場合にどれだけの能力を記録することができるか?を求めるために使用されるものです。もちろんこの考え方自体は理解できるものがありますし、実際に競走馬の能力を求める場合は全て同じ状況にしてから比較するのが筋というもの。しかしこの場合、時計の出る馬場状態で走った馬も時計の掛かる馬場状態で走った馬も同じ条件の下で走ったことになってしまいます。

これがどういう意味を持つかというと、**時計の速い馬場状態が得意な脚の速い馬と時計の掛かる馬場状態が得意な脚の遅い馬が同様に評価されてしまう**という事です。

名前を挙げたゴールドシップとアーモンドアイで言うと、私の解釈では前者は時計の掛かる馬場状態が得意な脚の遅い馬で、後者は時計の速い馬場状態が得意な脚の速い馬となります。

それぞれ代表的なレースを挙げると時計の掛かる馬場状態の有馬記念を勝利したゴールドシップは馬場差の分だけ実際の数値から足す必要があり、時計の速い馬場状態のジャパンカップを制したアーモンドアイは馬場差の分だけ実際の数値から引く必要があります。このように補正をしていくのが馬場差を使うという事になります。ここで詳しい能力比較は置いておくとして、この2つのレースの能力値が全く同じだった場合、次走この2頭が同じレースに出た場合に対等な能力を有した馬だと評価することになってしまいます。それが次走で時計が出る馬場状態であっても時計が掛かる馬場状態であっても…です。これでは実戦に即しているとは言えません。

このように馬場差を考慮することで能力を均一に評価できるようになる半面、同時に特性が反映されない評価になってしまうのです。私はギリギリ昭和生まれ（昭和63年）という事もあり、学生時代は相対評価と絶対評価が混じっていました。馬場差などを用いて競走馬を同じ土俵で評価するのは相対評価の手法と言えるでしょう。

他にもスローペース補正というものを使ったりもするのですが、これもスローペースで時計が遅くなった分、実際のタイムを補正するというものです。スローペースになったから走れた馬がいるにもかかわらず、時計が遅いからと言って補正をする…このような補正は競走馬の特性を消していると私は考えます。あえて強い口調で言うと、古い評価手法だと言えます。

競走馬は脚が速くて強い馬もいれば、脚が遅くて強い馬もいるのです。タイムだけをベースにして馬場差などで均一化する相対評価では、これらが表現できません。大事なのはタイムの速さではありません。タイムが速いから強い、遅いから弱いのではなく、そこにあるのはどのタイムで走れたかという事だけ。タイムという数値そのものを評価する絶対評価で判断するのが重要なのです。これこそが令和を生きる新時代の考え方です。

競走馬が力を発揮できる条件を見抜くことの重要性について解説してきましたが、ポイントは大きく分けて**脚が速い馬なのか遅い馬なのか**という点です。もちろん、細かく見ていくと坂が得意なタイプであるとかコーナリングが得意なタイプであるとか直線の長い競馬場が得意であるとか色々とあるのですが、これらを含んで大枠で考えるとこの2点に集約できると考えています。

競走馬は大きく分けて5つの脚質（タイプ）に分けられる

よく、騎手のコメントでこのようなことを聞くことはないでしょうか？

「もう一段ギアが上がらなかった」
「ギアが入ってからの加速が凄かった」

このように、競走馬は車のギアに喩えられることがしばしば見受けられます。我々競馬ファンも「ギアチェンジ」という言葉で競走馬の能力について語る事は少なくありません。競走馬と車（ギア）との関係性は非常に高いと言えるでしょう。なお、ここで言うギアとは日本語で言う所の変速機の事を指します。ギアを上げることでスピードが上がるわけですが、これを競走馬に喩えているのが先の言葉と言えます。

そして、車のギアは一般的に1～5速に分類されます。それぞれを解説すると以下のような感じになります。

1速（ロー）
1番速度が遅いが1番力強いギア。エンジンブレーキも強く、山道などの急激な坂道走行に便利。坂道発進にも使われる。

2速（セカンド）

1速の次に速度が遅く、1速の次に力がでるギア。エンジンブレーキは1速の次に強いため、なだらかな坂道で活躍。また、平坦な場所の発進にも使われる。

3速（サード）

2速よりも力が弱く、2速よりも速度がでるギア。エンジンブレーキはそれほど強いというほどではないが、ある程度スピードが落ちるくらい効く。主に緩やかな角度の道やカーブ道などで使用し、発進には使用しない。

4速（トップ）

3速よりも力が弱く、3速よりも速度がでるギア。エンジンブレーキはほんのわずかに効くが、スピードが落ちる感覚はほとんどない。主にまっすぐな道路のときに使用する。

5速（ハイトップ）

1番力が弱い分、1番速度が速いギア。ここまでくるとエンジンブレーキはないと考えて問題ないくらいスピードが落ちない。見通しがよい高速道路などのように、ずっとまっすぐ走る場合などに使用する。

本書は運転免許の教材ではないので、ここではざっくりと覚えておいていただくだけで問題ありません。要するに、**1速に近いほどエンジンブレーキが強くなり、5速に近いほどスピードが出る**という事になります。

これを競馬に当てはめると、驚くほどしっくりくると思います。競馬においてのスピードはその言葉通り。エンジンブレーキは少しイメージし辛いかもしれませんが、レースにおいてブレーキがかかるという事は、全馬が止まってしまうと言い換えることができます。

つまり1速に近づくほど道中のペースが速くバテる展開となるため脚の遅い馬にとって向くレースになり、5速に近づくほど道中は余力たっぷりで進めて直線の加速力勝負になり脚の速い馬に向くレースになる、という風なイメージです。3速はその間なのでスピードとスタミナどちらも問われる持続力勝負、2速と4速はそれぞれスタミナ戦寄り、スピード戦寄りという事になりますね。

これが、本書で紹介するギアファイブの主たる考え方になります。

なお、一般的に脚質というと逃げであったり差しであったりを指します。しかし、個人的にそれは脚質ではなく位置取りという解釈の方が適当ではないかと考えています。レースの流れとしてたまたまその位置になっただけで、逃げや差しというのは人間が判断しやすいように分けているだけです。脚質というのはその言葉通り「脚の質」なので、本書ではどのような脚を使えるか?というものを脚質として定義し、それこそがまさに「ギアファイブ」となります。

いかに普段、馬場質と馬の脚質(タイプ)を読み違えているか

先ほど少し述べましたが、競走馬においてのギアとは何を表しているでしょうか。私は**レースをラスト3ハロンまでとラスト3ハロンの2つに分けて、前者と後者の間に生じる加速、もしくは減速こそが競走馬のギア**だと考えています。

競馬において競走馬が全力で走れる区間はそう長くはありません。諸説ありますが、全力疾走できるタイムというのはおおむね40秒ほどと言われています。これはレースにおけるラスト3ハロン相当に該当し、この区間はレースに出走している全競走馬が全速力で走っていると考えられます。そのため、競走馬において重要なのは勝負所となるラスト3ハロンの脚の使い方になります。

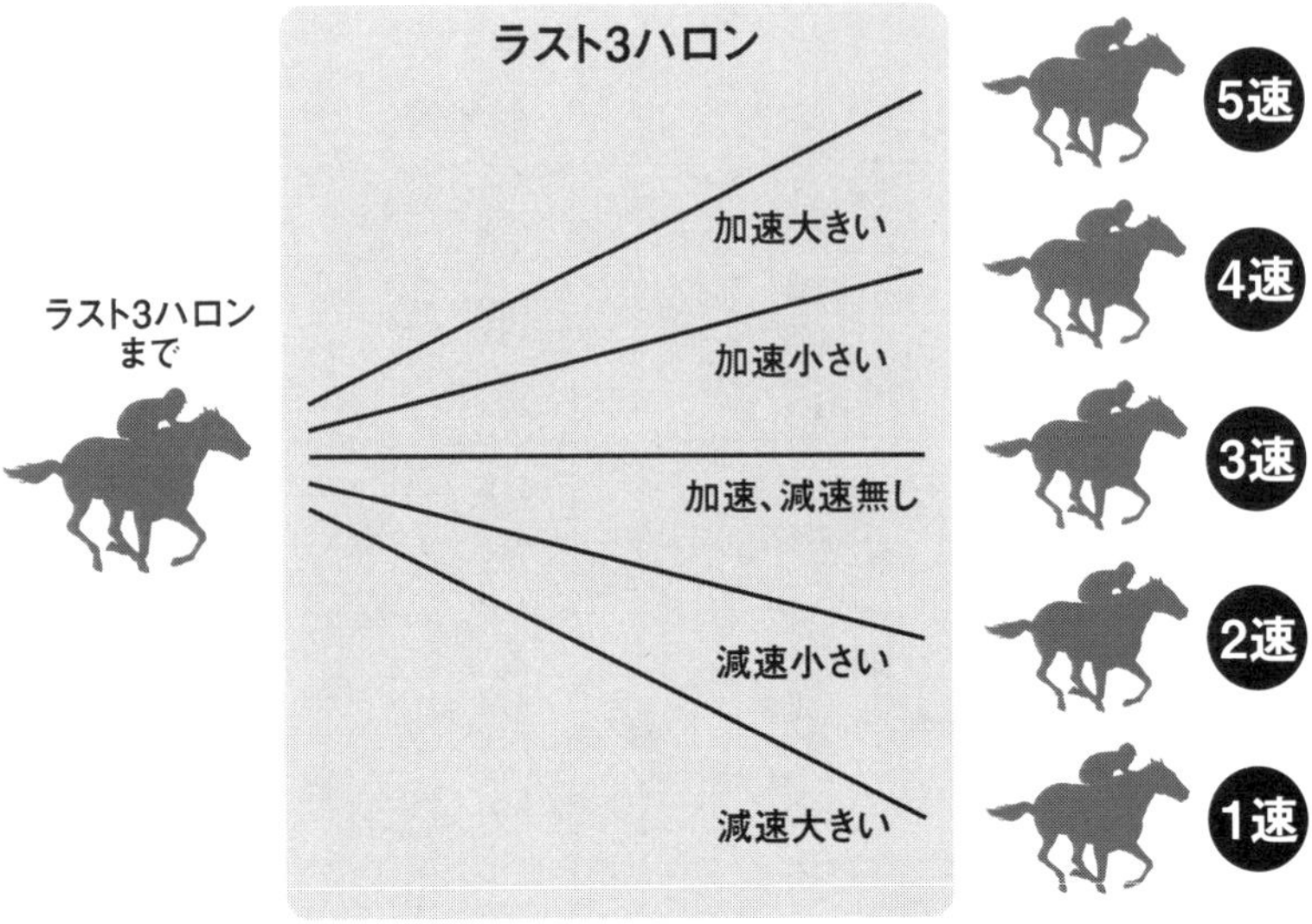

つまり、レースの序盤は助走区間、勝負所はラスト3ハロンと言えるでしょう。ギアとは変速を意味しますから、助走区間から勝負所においての変速が競馬においてのギアという事になるのです。

ここで重要なのは、**上がりのタイムが速い事が重要なのではなく、助走区間から勝負所においての変速がギアファイブのポイント**だという事です。

わかりやすい例として、本書の表紙で2速の代名詞として取り上げたレシステンシアを使って解説していきましょう。同馬は現役馬の中でも脚質がハッキリしており、取捨が容易な一頭ですのでぜひ覚えておいてください。

レシステンシアは新馬、ファンタジーステークスとハイペースを押し切る競馬が得意なタイプで、その最たるパフォーマンスが阪神JFでした。前半3ハロン33・7秒というマイルとは思えないタイムで逃げると、そのままペースを落とさず押し切っています。ラスト3ハロンは35・2秒（11・2－11・5－12・5）と掛かっています。一方で、3歳初戦のチューリップ賞は同じコースで前半3ハロン35・1秒。道中も12秒台が並ぶラップでラスト3ハロンが34・0秒（11・3－10・9－11・8）という速いタイム。結果、阪神JFで降したマルターズディオサとクラヴァシュドールに敗れています。その後、再び速めの流れとなった桜花賞とNHKマイルCで2着と好走しますが、ラスト3ハロン33・5秒（11・0－10・8－11・7）と速いタイムが記録されたマイルチャンピオンシップでは4番人気ながら8着に敗れています。勝負所でギアを上げて速い上がりを記録できる脚の速い馬ではなく、勝負所ではエンジンブレーキが効いて上がりが掛かるレースに強い脚の遅い馬というのが同馬の特徴となります。

そして迎えた4歳初戦。阪急杯ではラスト3ハロン33・8秒（11・2－10・8－11・8）と上がりの速い決着で完勝しています。このタイムだけを見ると勝負所で速い脚を使えるようになったのかと錯覚してしまいますが、このレースは勝負所以前から11秒台のラップが続いていたのです。つまり勝負所でギアを上げて速い脚を使えるようになったのではなく、終始速い

レシステンシアの戦歴表

年月日	レース名	距離	人気	着順	道中3ハロン換算タイム	上がりタイム	ギアファイブ
2021.5.16	ヴィクトリアマイル	1600	2	6	34.6	33.4	4速
2021.3.28	高松宮記念	1200	1	2	34.1	35.1	2速
2021.2.28	阪急杯	1400	1	1	34.1	33.8	3速
2020.11.22	マイルチャンピオンシップ	1600	4	8	35.1	33.5	4速
2020.5.10	NHKマイルカップ	1600	1	2	34.8	34.5	3速
2020.4.12	桜花賞	1600	1	2	34.8	38.1	1速
2020.3.7	チューリップ賞	1600	1	3	35.6	34.0	4速
2019.12.8	阪神ジュベナイルフィリーズ	1600	4	1	34.5	35.2	2速
2019.11.2	ファンタジーステークス	1400	6	1	34.2	35.1	2速
2019.10.14	新馬	1400	1	1	35.3	35.9	2速

ラップを刻んでいたというだけで勝負所でのギアは変わっていませんでした。阪神ＪＦや桜花賞、ＮＨＫマイルＣと似たレース内容だったのです。

そのため、その後の２戦は勝負所でギアが上がらない２速戦の高松宮記念で２着に好走し、勝負所でギアを上げる４速戦のヴィクトリアマイルで６着に敗れたというわけです。おそらく同馬の今後も１２００ｍ～１４００ｍで活躍することになるでしょう。１６００ｍで活躍する場合は、例年ギアの上がらないレースになる安田記念が狙いになると思います。

なお、１～５速といった脚質の見極め方などについては次章以降で詳しく解説していきますので、今は何となくの違いだけ理解しておいてもらえれば大丈夫です。

馬場も生き物ゆえに馬場質（タイプ）が頻繁に変わる

ここまで競走馬にフォーカスを当てて書いていますが、同様に、いやもしかしたらそれ以上に重要なのが馬場のタイプです。というのも、近年は馬場がレースに影響を与える割合がとても多くなっています。

そもそも、競馬は屋外で行なわれるため気象条件による影響を受けやすいのが特徴であり、その最たる要素が馬場状態です。芝のレースでは馬場の状態が悪くなればなる程、地面がやわらかくなるため競走馬にとっては力が必要なコースになります。タイムも良馬場と不良馬場では大きな差が発生し、同じ距離でも不良馬場の場合ではタイムが数秒遅くなるのが普通です。一方、ダートのレースでは馬場状態が悪化すると芝コースとは逆の傾向になります。つまり、水分を含むことで路盤が硬くなり走りやすい馬場になることでタイムが速くなります。ダートコースのレコードタイムが重馬場で頻出するのも道悪のダートではスピードが問われることを示しているでしょう。

このような自然現象に加え、馬場造園課の技術の向上により馬場の生育が飛躍的に向上しました。それにより、レコード決着が非常に多くなりました。本書を執筆している2021年の夏の競馬を見ていても、7月3日から行われた3回小倉開催でレコードが続出。また、7月24日から始まった3回新潟開催でもレコードが続出していました。特に、外枠絶対有利が定説となった新潟競馬場の芝1000mでバカラクイーンが内ラチ沿いから3着に粘ったアイビスサマーダッシュは記憶に新しいでしょう。新潟競馬場は前回開催で馬場が非常に荒れており、それから2か月間隔が空いたとはいえ、ここまで回復したことに驚きました。

時計が速い決着が多くなると、必然的に勝ち上がる馬は脚の速い馬になります。このような背景もあり、脚の速い馬＝強い馬という認識が強くなっていくわけですが、脚の速い馬は脚が速いという特性を持っているだけです。馬場状態が悪くなって脚が遅い馬が有利になれば途端にこれまでの信頼が地に落ちる事となります。そのため、馬場状態が悪くなると急に荒れる結果になるのです。馬場が悪くなって荒れるのではなく、馬場が荒れたことによって世間が強いと思っている馬（脚の速い馬）と問われている条件（脚の遅い馬）とのミスマッチが荒れる結果を生んでいるというわけです。

特に、上級条件に上がってくるような馬はほとんどが脚の速い馬で占めることになります。

そのため、荒れて脚の遅い馬が有利になる条件で驚くほどこのミスマッチが発生します。近年で言うとレース直前の豪雨で馬場が渋った2020年の宝塚記念は脚の速い馬として世間の評価も高かったサートゥルナーリアが1番人気の支持を得て4着に敗戦。また、2021年は雨でかなり時計の掛かるコンディションとなった大阪杯で前年の三冠馬コントレイルが1番人気の支持も3着。また、前年の春秋マイル女王グランアレグリアも2番人気ながら4着に敗れています。いずれのレースも人気薄のモズベッロがこれらを上回っていることからも、脚の遅い馬に有利なレースだったという事が理解できるでしょう。

天候などを含む馬場状態を予想するのはレースの前日などではなかなか難しいですが、当日の傾向などを踏まえて臨機応変に変えることでより的中につながるのは間違いありません。馬場状態を制する者はレースを制すると言っても過言ではない昨今、馬場状態の見極めもギアファイブの理論には関わってきます。

そのため馬場状態…本書では脚質という言葉に合わせて馬場質としましょう。つまり脚質と馬場質の2つを見極めて、ギアファイブに当てはまる馬を狙い撃つのが本書の予想スタイルとなります。

さて、では次章以降からいよいよギアファイブの核心に入っていきたいと思います。

2章 馬場質について

馬場質を決定づける3つの要因とは

それでは2章からはギアファイブについて詳しく解説をしていきます。まずは馬場質について説明していきます。ギアファイブを有効活用するには、**今回どういうレースになるのか?**をまずは読み解く必要があります。馬場質がわかって初めて、それに合う脚質の馬を選ぶことになります。

馬場質を決定する要因は以下の3つとなります。

・競馬場毎の特徴
・今回想定されるペースによる上げ下げ
・馬場状態など外的要因による上げ下げ

ベースとなる競馬場毎の特徴に対して、ペースと馬場状態でギアファイブを上げ下げするのが基本となります。それでは順を追って解説していきます。

馬場のクセは千差万別！まずは競馬場毎のクセの把握を

まず、**ベースとなるのは競馬場毎の特徴**になります。ＪＲＡでは北は札幌競馬場から南は小倉競馬場まで計10場で行われています。そして、それぞれに特徴があり、その分だけレース傾向に違いが生まれるのです。

ギアファイブの計算方法はそんなに難しくありません。1章でも述べたように、競馬におけるギアとはレースをラスト3ハロンまでとラスト3ハロンの2つに分けて、前者と後者の間に生じる加速、もしくは減速の事を指すとしていました。これをそのまま計算式に当てはめればいいだけ。

ただし、ラスト3ハロンはこのままでいいとして、ラスト3ハロンまではレースが行われる距離によって異なります。そのため、こちらに関しては3ハロンに換算したタイムで計算する必要があります。この点だけ気を付けてください。

よって、ギアファイブの計算式は下記となります。

（（レースタイム－レース上がりタイム）÷（距離÷200－3）×3）－レース上がりタイム

レースタイムからレース上がりタイムを引くことでまずはラスト3ハロンまでのタイムが計算できます。ただ、このままだと1200m以外は上がり3ハロンタイムと比較ができません。そのため、距離を200で割ってハロン換算し（1600mなら8ハロン）、そこから上がり3ハロン分の3を引きます。これでラスト3ハロンまでのタイムの1ハロン平均が計算できますので、あとはこれを3倍して3ハロンに換算しているというわけです。こうすると上がり3ハロンタイムとの比較が可能になります。これを便宜上、道中3ハロン換算タイムと本書では呼びます。

そして、道中3ハロン換算タイムと上がりタイムを引くことで加速しているのか？それとも減速しているのか？を求めることができます。この差を下記に当てはめることでギアファイブを計算しています。

1・8秒以上　5速

1・7秒～0・9秒　4速
0・8秒～－0・8秒　3速
－0・9秒～－1・7秒　2速
－1・8秒以下　1速

計算自体はそこまで難しくないと思いますが、いちいち計算するのもめんどくさいでしょう。そんな方もご安心ください。巻末には各競馬場のギアファイブを掲載していますのでそちらをご覧いただければと思います。

このように異なる競馬場の実績を5つに分けて適性を判断するというのがギアファイブの特徴。これにより、異なる競馬場、異なる距離をグルーピングしてどのコースで好走していれば次はどのコースが向くのかというのが瞬時に理解できるようになります。

巻末に各競馬場の特徴を掲載しているのでここでは代表的なところをいくつか挙げると、まずは新潟競馬場がその一つでしょう。特に外回りコースにおいては他の競馬場と一線を画していますそれは直線の長さに他なりません。

1番人気成績(2018~2021.8.1)

場所	勝率	連対率	複勝率
阪神芝外	38.7%	53.9%	66.7%
東京	35.6%	53.0%	66.1%
中山	35.0%	51.5%	65.5%
新潟芝外	34.7%	53.7%	64.9%
札幌	34.4%	50.5%	61.7%
京都芝外	34.0%	55.9%	65.8%
中京	32.6%	51.3%	62.4%
函館	31.7%	50.3%	65.8%
小倉	30.8%	51.4%	60.8%
阪神芝内	30.1%	47.7%	63.1%
新潟芝内	29.6%	50.4%	62.8%
福島	27.7%	45.9%	58.5%
京都芝内	27.0%	47.7%	63.7%

６５８・７ｍというＪＲＡ屈指の直線の長さを有する新潟競馬場外回りはコース形態の影響を大きく受けます。１６００ｍ、１８００ｍ、２０００ｍと異なる距離で行われますが、すべてが最もスピードが問われる５速の設定になります。例えば１６００ｍだと道中３ハロン換算タイムは36・4秒で、上がり３ハロンは34・3秒。差は２・１秒となります。勝負所から一気にギアが入る極限のスピード勝負になるため、脚の速い馬しか通用しません。なお、１章でも述べたように脚の速い馬は基本的に人気を集める傾向にあります。そのため、新潟競馬場の芝外回りにおける１番人気馬の勝率は34・7％。これは阪神競馬場芝外回り、東京競馬場、中山競馬場に次ぐ４番目に高い数値になります。人気馬の成績が良いコースはギアの高いレースと覚えておいていただいても差し支えありません。

逆に、脚の遅い馬でも活躍できるコースとしては中山競馬場の芝１２００ｍが挙げられます。一見するとスピード必須のコースに見えますが、このコースの特徴としてはスタートしてから下り坂となるため前半のタイムが非常に速くなります。そしてゴール前にはおよそ2mの上り坂があるため一気に失速します。道中3ハロン換算タイムは33・8秒で、上がり3ハロンは35・0秒。差は－1・2秒で2速となります。レース全体のタイムとしては速いですが、上がりが掛かっているのでエンジンブレーキの効いたレース。そのため、脚の遅い馬が間に合うレースとなるのです。

コース毎でも特徴の違いがこんなにある

基本的にはコースの持つ特徴がベースとなりますが、そうならないケースが一つだけあります。それは**GIなど重賞レース**です。

重賞レースというのは、基本的に施行条件や時期が変わりません。そのため、毎年同じようなメンバーが集まり、同じようなレースになりやすいという傾向があります。わかりやすい例でいうと、2歳戦や3歳クラシック路線の前哨戦なんかは毎年頭数も揃わず、またキャリアの浅い馬が出走するためレースを教えるという意味で折り合いがメインテーマとなるケースが多くなります。こうした要因からスローペースになりやすいという特徴があるのです。

そして、このコースの特徴と重賞レース個別の特徴のギャップは覚えておくと非常に有効です。

ギャップの大きいレースとしては東京競馬場芝1600mと安田記念でしょう。東京競馬場と言えば新潟競馬場ほどではありませんが、直線が長い事で有名。全競馬場の中で2番目に長い525・9mの直線を活かしたスピード勝負になる特徴を有しています。そのため、芝1600mは4速の設定となります。

しかし、GⅠの安田記念はレースの序盤から激しいペースになるという特徴があり、道中のタイムは非常に速くなります。道中3ハロン換算タイムは34・4秒で、上がり3ハロンは34・2秒。その差は0・2秒と前後半の差がほとんどありません。直線の長い競馬場ですが勝負所でギアが上がらないので脚の遅い馬でも十分間に合わせることができるレースなのです。脚の速いアーモンドアイが2年連続で勝ちきれなかったのもこのためですね。勝負所でギアを上げることができないレースとなったため、伸びきれずに敗れたというわけです。

ちなみに、このような傾向がある安田記念では前走から距離延長で挑んだ馬の成績が良い傾向にあります。短い距離の方が道中のペースが速くなりやすいので、勝負所でギアが上がらな

安田記念とマイルチャンピオンシップのデータ（2012～2021年の安田記念まで）

	安田記念			マイルチャンピオンシップ		
前走距離	勝率	連対率	複勝率	勝率	連対率	複勝率
同距離	3.6%	10.7%	17.9%	5.7%	11.3%	13.2%
今回延長	12.2%	17.1%	19.5%	2.6%	13.2%	15.8%
今回短縮	5.7%	11.4%	20.0%	7.8%	9.8%	21.6%

いレースが多くなります。マイル以上の距離ではペースが緩むことも多くギアが上がるレースが多くなるため、問われる適性の違いが成績として表れているという事でしょう。

なお、同じマイルGⅠでもマイルチャンピオンシップは4速。2021年こそ京都競馬場の改修工事の影響で阪神競馬場外回りで行われたものの、京都競馬場の外回り時代から傾向は変わらず。こちらは道中のペースが緩んで勝負所でギアが上がるレース。マイル以上のレースで多く発生するパターンなため、距離短縮で挑む馬の成績が良いという傾向があります。このようなレース傾向の差から春秋マイルGⅠを制覇するのが難しいという理由があったというわけです。

このようにレースの質が理解できれば、これまで何となくそういう傾向が出ているからという理由で使っていたデータもより使い勝手が良くなります。データは「なぜそうなるのか？」が説明できて初めて使えるものになります。そしてこれができれば、少ない母数でも有効なデータとなります。

展開が変わればギアも変わる

ギアファイブの設定は基本的にコースの特徴、重賞レースの場合はレースの特徴をベースとします。このままでも問題はありませんが、さらに精度を上げるには**想定されるペースを予想して上げ下げする必要があります。**

ペースについては色々と判断方法がありますが、**逃げ馬が何頭いるかを見るのが一番わかりやすい**でしょう。近走で逃げたことのある馬がいない場合は、先手を主張する馬がいないので十中八九スローペースになります。そうなるとたとえギアが上がらないコースの特徴を有していても、道中のペースが緩いため勝負所で加速が発生することとなります。例えば今回のコースの持つギアが3速だったとした場合、スローペースが想定される場合は4速で考えるというようにします。

2021年の鳴尾記念は例年と異なり中京競馬場で開催されました。コース自体が異なるため、重賞と言えどここはコースの特徴を優先。中京競馬場芝2000mは4速で行われます。しかし、このレースは逃げ馬不在のメンバー構成でした。スローペースになる可能性が高く、

ユニコーンライオン成績

年月日	レース名	距離	人気	着順	道中3ハロン換算タイム	上がりタイム	ギアファイブ
2021.6.5	鳴尾記念	2000	8	1	37.1	34.1	5速
2021.5.16	弥彦ステークス	1800	5	1	36.6	34.8	5速
2021.5.1	ストークステークス	1600	18	3	35.5	34.0	4速
2020.8.15	TVh賞	1700	9	11	35.8	36.8	2速
2020.8.1	STV賞	1800	8	10	36.2	35.4	3速
2020.4.12	梅田ステークス	1800	3	15	37.2	37.3	3速
2020.3.29	武庫川ステークス	1600	5	9	36.4	34.8	4速
2020.1.25	石清水ステークス	1400	3	10	34.7	36.3	2速
2020.1.6	新春ステークス	1600	3	2	37.6	34.2	5速
2019.12.22	サンタクロースステークス	2000	1	8	37.0	35.1	5速
2019.10.20	菊花賞	3000	10	15	37.5	36.2	4速
2019.9.22	神戸新聞杯	2400	6	5	38.2	32.3	5速
2019.7.21	松前特別	2000	2	1	37.0	35.4	4速
2019.7.6	八雲特別	1800	1	1	36.7	35.5	4速
2019.4.13	アーリントンカップ	1600	5	5	35.9	34.4	4速
2019.3.17	スプリングステークス	1800	8	11	36.1	35.7	3速
2019.2.16	つばき賞	1800	3	2	35.4	36.6	2速
2019.1.27	新馬戦	1800	1	1	37.3	35.6	5速

結果的に道中3ハロン換算タイムは37・1秒。これはステイヤーズステークスと同レベルのかなり緩い流れです。レースの上がり3ハロンタイムは34・1秒で、その差はなんと3・0秒。勝負所で大きな加速が生じるレースとなりました。勝利したユニコーンライオンの好走しているレースは4～5速のレースばかりで、特に5速では【2・1・0・2】。着外の内、1つは3歳時の神戸新聞杯でサートゥルナーリア、ヴェロックス、ワールドプレミア、レッドジェニアルと後のGIや重賞でも好走した馬たちに次ぐ5着に善戦

していました。不振の時期はギアの上がらないレースを使われており、脚の速い同馬には不向きなレースばかり。鳴尾記念の激走は得意なギアに戻ったことも大きかったでしょう。

逃げ馬が1頭の場合、特に競りかける馬もいないので逃げ馬の刻みたいペース次第という所はありますが、おおむねミドルペースと考えていいでしょう。この場合はコースが持つ特徴、あるいは重賞だとレースが持つ特徴のままで問題ありません。

逃げ馬が2頭以上いる場合は、どちらかが譲るケースもありますが基本的には逃げたいわけですから競り合いになるケースが多いです。そのため、ハイペースになると読むのが無難でしょう。そうなると先ほどのスローペースとは逆の形。本来は3速の条件であっても、道中のペースが速いので勝負所でさらに加速するのは困難。ラスト3ハロンは減速することとなり2速になるという塩梅です。

最近は明確な逃げ馬というのが特に芝の上級条件では少ないため、複数逃げ馬が揃うハイペース戦を戦前から予想するのも少し難しかったりするのですが、2021年のマイラーズカップは逃げ馬のフォックスクリークがいて、近走逃げか2番手で競馬をしているダイワキャグニー。さらに過去に逃げた経験もあり、最内枠でブリンカー着用と逃げそうな匂いのするベステ

ケイデンスコール成績

年月日	レース名	距離	人気	着順	道中3ハロン換算タイム	上がりタイム	ギアファイブ
2021.4.25	読売マイラーズカップ	1600	2	1	33.5	35.6	1速
2021.2.28	中山記念	1800	5	2	34.8	35.3	3速
2021.1.5	京都金杯	1600	12	1	35.1	34.6	3速
2020.11.15	オーロカップ	1400	4	6	35.1	34.6	3速
2020.10.18	信越ステークス	1400	11	5	34.7	34.7	3速
2020.10.4	ポートアイランドステークス	1600	8	11	34.7	35.1	3速
2020.5.10	新潟大賞典	2000	12	12	35.7	35.4	3速
2020.3.15	金鯱賞	2000	10	7	37.6	33.8	5速
2020.2.9	東京新聞杯	1600	9	12	34.9	34.9	3速
2019.11.23	キャピタルステークス	1600	5	17	35.5	36.7	2速
2019.8.11	関屋記念	1600	2	14	34.8	34.1	3速
2019.5.5	NHKマイルカップ	1600	14	2	34.7	34.6	3速
2019.3.23	毎日杯	1800	7	4	36.5	34.3	5速
2018.12.16	朝日杯FS	1600	4	13	35.7	34.4	4速
2018.8.26	新潟2歳ステークス	1600	1	1	36.9	34	5速
2018.7.29	未勝利戦	1600	1	1	36.2	34	5速
2018.6.30	新馬戦	1600	3	2	38.4	33.7	5速

ンダンクが出走。ハイペースになりそうなメンバー構成でした。京都競馬場の改修工事の影響で阪神競馬場の外回りで施行。コースの特徴を重視すれば4速の設定になりますが、ハイペースが見込めるため3速と予想できます。結果は道中の3ハロン換算タイム33・5秒、上がり3ハロン35・6秒というハイペースとなり1速までギアが落ちたのですが、勝ったケイデンスコールは近2走で3速となった京都金杯1着、中山記念2着と好走していました。そもそも3歳時には3速のNHKマイルカップで2着の実績がある馬。不振の時期こそありましたが3速での実績はメンバートップクラスでした。

馬場状態や風など外的要因が与える影響とは？

ペースで上げ下げをした後は、**馬場状態によって上げ下げしていきます。**基本的に良馬場であればそのままで問題ないのですが、芝においては明らかな高速馬場となっている場合はラスト3ハロンが失速することなく速いタイムが記録されます。このようなケースでは3速であれば4速に…という形になります。

なお、良馬場における判断材料は時計の出方が一番信頼性が高いですが、これはある程度レースを見ないと判断できません。レースの前日などに予想する場合はJRAが発表しているクッション値が役に立ちます。クッション値とクッション性との関係性はJRA発表で別表（左表）の通り。

クッション値は数値が高くなるほど路盤が硬くなり、時計が速くなりやすくなります。逆に数値が低くなれば路盤が緩く時計は掛かりやすくなります。クッション値が10以上だと硬めという扱いになっているように、ここが一つの目安と言えるでしょう。この値を超えていればスピードの出る馬場と判断してギアを上げるとさらに精度が上がるでしょう。逆にクッション値が8を下回るとギアを下げて予想してみてください。また、芝の場合は稍重以下の馬場状態になると上がりが掛かる傾向にあります。おおざっぱな傾向で言うと、稍重で1ハロン0・1秒、重で同0・2秒、不良で同0・3秒ほど時計が掛かる傾向にあります。稍重くらいだとそこまでギアが下がるほどの影響は与えませんが、重以下になるとギアは一つ下げて考えるべきです。クッション値と合わせて判断してみてください。

芝とは逆に、ダートでは稍重以下になると上がりが速くなる傾向にあります。こちらも稍重で1ハロン0・1秒、重で同0・2秒、不良で同0・3秒ほど時計が速くなる傾向にあります。特に重以下になると1速から2速というようにギアを一つ上げましょう。また、芝ではクッション値が判断材料になっていましたが、ダートの場合は含水率がそれに替わります。含水率は9%以下で良馬場となります。そのため、これより高いと時計の出る馬場状態であると判断できます。また、

クッション値とクッション性との関係性（参考）

芝馬場のクッション値	馬場表層のクッション性
12以上	硬め
10から12	やや硬め
8から10	標準
7から8	やや軟らかめ
7以下	軟らかめ

ダートコースの馬場状態と含水率の関係性（単位はパーセント）

競馬場	良	稍重	重	不良
全場	9以下	7から13	11から16	14以上

中山競馬場芝1600mの開催別ギア

回次	道中3ハロン換算タイム	上がりタイム	ギアファイブ
1	35.9	35.5	3速
2	35.8	35.4	3速
3	35.7	35.3	3速
4	36.0	35.1	4速
5	35.8	35.7	3速

ダートでもパサパサに乾燥したダートだと時計が掛かります。２％前後になるとかなり乾燥した状態となり、この場合は良馬場でも上がりがさらに掛かり脚の遅い馬が間に合う条件になります。

限定的なところでは、毎年４回中山開催は時計が速くなる傾向があります。前開催の３回中山終了後から約５ヶ月間の休養を挟み、９月２週目からの開始となるこの開催の芝コースは、春開催で痛んだ部分を張替えるのと同時に他開催で施していたオーバーシードを取り払っています。そのため、例えば芝１６００ｍでは上がり３ハロンが35秒中盤に収まるのに対し、４回中山開催だけは35・１秒と速くなります。道中３ハロン換算タイムはほとんど変わらないので、通常３速の設定となりますがこの時期だけは４速で行われることとなります。同開催に行われるＧＩのスプリンターズステークスもコースの特徴が２速に対して３速と通常よりもギアが上がっており、この開催においては脚の速い馬の活躍が目立ちます。

外的要因として最後に考慮すべきなのは風。昨今、競馬予想界隈では話題となっている要素で無視できません。

人間でもイメージしてもらえばわかると思うのですが、走っている時に向風が吹いていればスピードを出すのは難しいと思います。逆に、追風であればかなり楽に走れますよね。競馬も同じで、直線が向風であれば上がりが掛かり、直線が追風であれば上がりは速くなります。

そのため、向風であればギアを一つ下げる、追風であればギアを一つ上げることで調整を行います。ただし、風が吹いていてもそれが微風だとそこまで影響は与えません。だいたい風速5mでちょっと早めに自転車を走らせている時に顔に受ける強さの風ぐらいと言われています。顔に風を感じ、葉っぱが絶えず揺れているレベルです。また、ゴルフで風速が5mだと向風の場合は15〜20ヤード飛距離は伸びなくなり、追風の場合10ヤード飛距離が伸びると言われています。このことから、5mが一つの目安になると考えています。追風、あるいは向風が5m以上あれば、ギアの調整を行ってみてください。

最近だと2021年4月18日に新潟競馬場で行われた福島民報杯が記憶に新しいでしょう。この開催の新潟競馬場はこの日もそうでしたが雨が多くかなり馬場が荒れていました。不良馬場で行われ時計の掛かる状況ではあったのですが、さらに強風も吹き荒れ当レースが行われる時には平均で11・6mの向風が吹いていました。その結果、レース上がりは39・6秒という新潟競馬場の外回りでは見ることのない数値に。道中の3ハロン換算タイムが36・0秒なので、勝負所から3・6秒も減速することになりました。5速のレースがデフォルトのコースではありえない結果で、馬場悪化と風の影響の大きいレースとなりました。

馬場質が予想できれば、後はそれに合う馬を選ぶだけ。次章では競走馬の脚質の見極め方を説明していきます。

3章 脚質について

最もシンプルな脚質の見極め方は過去の戦歴から判断すること

2章では馬場質、つまり今回のレースにおいて問われる適性を求める方法を説明しました。予想される馬場質と脚質がマッチしている馬を狙うのが適性予想で、これをわかりやすく5段階に分けたものがギアファイブとなります。

ギアファイブにおける最もシンプルな使い方は、**各馬の過去の戦歴から好走している馬場質を判断し、それを脚質とする**方法です。よく中山競馬場は4戦3勝だから買い！であるとか、坂のあるコースでは5戦して全て連対している！などのように判断する方法です。5速では3戦負けなし！というイメージですね。

この方法はシンプルであると同時に、全ての方が同じ判断をして予想を組み立てることができるというのが最大のストロングポイントです。2章で紹介した計算さえ間違えなければ、後は好走したレースがどのギアなのかを確認するだけ。単行本として予想理論を世に出すときには、すべての人が使いやすいように最適化することが大事だと考えていますので、まずはこの

グランアレグリア成績

年月日	レース名	距離	人気	着順	道中3ハロン換算タイム	上がりタイム	ギアファイブ
2021.6.6	安田記念	1600	1	2	34.7	33.9	3速
2021.5.16	ヴィクトリアマイル	1600	1	1	34.6	33.4	4速
2021.4.4	大阪杯	2000	2	4	36.3	36.8	3速
2020.11.22	マイルチャンピオンシップ	1600	1	1	35.1	33.5	4速
2020.10.4	スプリンターズステークス	1200	1	1	32.8	35.5	1速
2020.6.7	安田記念	1600	3	1	34.4	34.3	3速
2020.3.29	高松宮記念	1200	2	2	34.2	34.5	3速
2019.12.21	阪神カップ	1400	1	1	33.9	34.2	3速
2019.5.5	NHKマイルカップ	1600	1	5	34.7	34.6	3速
2019.4.7	桜花賞	1600	2	1	35.6	33.3	5速
2018.12.16	朝日FS	1600	1	3	35.7	34.4	4速
2018.10.6	サウジアラビアロイヤルカップ	1600	1	1	35.9	34.1	5速
2018.6.3	新馬	1600	1	1	36.0	33.6	5速

方法をおススメします。

イメージしやすいように、1~5速において特徴的な馬をそれぞれ取り上げてみました。

5速の代表例は**グランアレグリア**です。同馬の戦歴を辿ると新馬、サウジアラビアロイヤルカップ、桜花賞と3歳戦ではありますが5速のレースでは【3・0・0・0】と負けなしの成績でした。それが少しギアが下がって4速となるとどうでしょうか。マイルチャンピオンシップ、ヴィクトリアマイルでGⅠを2勝しているものの、朝日杯FSでは1番人気を裏切って3着に敗れています。成績は【2・0・1・0】と十分ではありますが5速に劣っています。さらにギアが下がって勝

コントレイル成績

年月日	レース名	距離	人気	着順	道中3ハロン換算タイム	上がりタイム	ギアファイブ
2021.4.4	大阪杯	2000	1	3	36.3	36.8	3速
2020.11.29	ジャパンカップ	2400	2	2	35.1	37.8	1速
2020.10.25	菊花賞	3000	1	1	37.5	35.6	5速
2020.9.27	神戸新聞杯	2200	1	1	36.1	36.2	3速
2020.5.31	東京優駿	2400	1	1	36.6	34.3	5速
2020.4.19	皐月賞	2000	1	1	36.4	35.8	3速
2019.12.28	ホープフルステークス	2000	1	1	36.4	36.4	3速
2019.11.16	東京スポ杯2歳ステークス	1800	1	1	35.3	33.9	4速
2019.9.15	新馬	1800	1	1	37.6	33.7	5速

負所でほとんどギアが上がらなかった３速では阪神カップと２０２０年安田記念を勝利しているものの、高松宮記念と２０２１年安田記念で２着に取りこぼし。さらにＮＨＫマイルカップ、大阪杯では３着を外しています。３速戦は【２・２・０・２】とさらに信頼度が下がっていますね。２速は経験なし、１速はスプリンターズステークスのみで勝利していますが、トータルで考えるとギアが上がるほど成績が安定するタイプと判断できます。

４速の代表馬として挙げたのは**コントレイル**。無敗の三冠馬で今だ４着以下になっていない戦歴ではあるのですが、５速は新馬、東京優駿、菊花賞を勝利。４速では東スポ杯２歳ステークスを勝利しています。３速はホープフルステークス、皐月賞、神戸新聞杯の３

クロノジェネシス成績

年月日	レース名	距離	人気	着順	道中3ハロン換算タイム	上がりタイム	ギアファイブ
2021.6.27	宝塚記念	2200	1	1	36.1	34.7	4速
2020.12.27	有馬記念	2500	1	1	37.4	36.6	3速
2020.11.1	天皇賞(秋)	2000	2	3	36.1	33.6	5速
2020.6.28	宝塚記念	2200	2	1	36.5	36.3	3速
2020.4.5	大阪杯	2000	4	2	36.1	34.2	5速
2020.2.16	京都記念	2200	1	1	37.3	36.9	3速
2019.11.10	エリザベス女王杯	2200	2	5	37.3	34.6	5速
2019.10.13	秋華賞	2000	4	1	35.8	36.4	3速
2019.5.19	優駿牝馬	2400	2	3	35.8	35.3	3速
2019.4.7	桜花賞	1600	3	3	35.6	33.3	5速
2019.2.11	クイーンカップ	1600	1	1	36.2	33.8	5速
2018.12.9	阪神JF	1600	2	2	35.5	35.0	3速
2018.10.20	アイビーステークス	1800	3	1	37.6	33.4	5速
2018.9.2	新馬	1800	1	1	37.6	34.8	5速

レースで勝利していますが、大阪杯では1番人気ながら3着に敗れました。2速は経験がなく、1速はジャパンカップで2着。取りこぼした2戦は勝負所で加速を要しないレースだったというのが理解できるでしょう。4速以上なら安定していますが、つけた着差とパフォーマンスから東スポ杯2歳ステークスが最も高かったと思っているので、4速の代表馬としています。

3速の代表馬は**クロノジェネシス**です。5速は新馬、アイビーステークス、クイーンカップと連勝しましたが、桜花賞で3着に敗れるとエリザベス女王杯では5着。その後大阪杯2着、天皇賞（秋）を3着に好走しますが勝利はなく、通算は【3・1・2・1】。少しギアの下がる4速は2021年の宝塚記念

レシステンシア成績

年月日	レース名	距離	人気	着順	道中3ハロン換算タイム	上がりタイム	ギアファイブ
2021.5.16	ヴィクトリアマイル	1600	2	6	34.6	33.4	4速
2021.3.28	高松宮記念	1200	1	2	34.1	35.1	2速
2021.2.28	阪急杯	1400	1	1	34.1	33.8	3速
2020.11.22	マイルチャンピオンシップ	1600	4	8	35.1	33.5	4速
2020.5.10	NHKマイルカップ	1600	1	2	34.8	34.5	3速
2020.4.12	桜花賞	1600	1	2	34.8	38.1	1速
2020.3.7	チューリップ賞	1600	1	3	35.6	34.0	4速
2019.12.8	阪神JF	1600	4	1	34.5	35.2	2速
2019.11.2	ファンタジーステークス	1400	6	1	34.2	35.1	2速
2019.10.14	新馬	1400	1	1	35.3	35.9	2速

のみで勝利しています。ただ、やはりこの2つよりもパフォーマンスが上がっているのは3速でしょう。阪神JF2着、オークス3着と3歳前半までは勝ちきれませんでしたが、秋華賞1着を皮切りに京都記念、2020年宝塚記念、有馬記念と4連勝中。【4・1・1・0】と大活躍です。

2速の代表馬**レシステンシア**については1章で触れているのでここでは簡単に。2速では新馬、ファンタジーステークス、阪神JFと3連勝を果たし、古馬になってもGIの高松宮記念で2着に好走しています。1速でも桜花賞で2着、3速ではNHKマイルカップ2着、阪急杯1着がありますが、着外に敗れたマイルチャンピオンシップとヴィクトリアマイルは4速でした。典型的な速い脚が使えないタイプでギアが上がるとついていけず、後続に脚を使わせて勝負所からは減速させることで粘りこむ脚の遅

ダノンスマッシュ成績

年月日	レース名	距離	人気	着順	道中3ハロン換算タイム	上がりタイム	ギアファイブ
2021.3.28	高松宮記念	1200	2	1	34.1	35.1	2速
2020.10.4	スプリンターズステークス	1200	3	2	32.8	35.5	1速
2020.9.13	セントウルステークス	1200	1	1	33.0	34.9	1速
2020.6.7	安田記念	1600	8	8	34.4	34.3	3速
2020.5.16	京王杯スプリングカップ	1400	2	1	35.0	33.1	5速
2020.3.29	高松宮記念	1200	3	10	34.2	34.5	3速
2020.3.7	オーシャンステークス	1200	1	1	33.1	34.3	2速
2019.9.29	スプリンターズステークス	1200	1	3	32.8	34.3	2速
2019.8.25	キーンランドカップ	1200	1	1	33.2	36.0	1速
2019.3.24	高松宮記念	1200	1	4	33.2	34.1	2速
2019.1.27	シルクロードステークス	1200	1	1	33.3	35.0	2速
2018.11.25	京阪杯	1200	1	1	34.1	33.9	3速
2018.8.26	キーンランドカップ	1200	4	2	33.7	35.7	1速
2018.7.21	函館日刊スポーツ杯	1200	3	1	34.3	34.1	3速
2018.5.6	NHKマイルカップ	1600	13	7	34.8	34.8	3速
2018.4.14	アーリントンカップ	1600	6	5	35.2	34.7	3速
2018.3.17	ファルコンステークス	1400	1	7	35.0	35.5	3速
2017.12.17	朝日杯FS	1600	4	5	35.6	34.0	4速
2017.10.15	もみじステークス	1400	1	1	36.5	34.8	4速
2017.9.24	未勝利	1400	1	1	35.2	35.0	3速
2017.9.2	新馬	1400	1	2	34.9	36.5	2速

い馬だという事が理解できます。

最後に1速として取り上げるのが**ダノンスマッシュ**。GⅠの勝利こそないのですが、最も成績が安定しているのが1速で【2・2・0・0】。勝利は2019年のキーンランドカップとセントウルステークスで、2着は2018年キーンランドカップと2020年スプリンターズステークスです。特に2着に敗れた2020年スプリンターズステークスは勝ち馬のグランアレグリアが一頭異次元だっただけで、実質勝ちに等しい内容でした。2速では2021年高松宮記念勝利こそありますが、2019年は4着に敗れるなど【3・1・1・1】。さらに3速になると【3・0・0・5】で2020年の高松宮記念10着のように着外が多くなります。4速と5速は経験が少ないので割愛すると、勝負所で大きく減速するレースを得意としていることがわかります。

このように、過去の戦歴を見ていただくと競走馬のタイプが見えてきます。好走している脚質と今回の馬場質が合っている馬を狙うというのがギアファイブの基本的な予想方法となります。

使える脚が速いか遅いかでおおまかなタイプ分けを

基本的には前述の戦歴を見る方法で問題ありませんが、さらに詳細な予想をする場合は競走馬のレース内容を精査する必要があります。過去の好走したパターンにレース内容を加味することで脚質の理解がさらに深まります。

それではここで改めて、脚質について再度定義しておきましょう。

一般的に競馬用語として使われる脚質とは、「逃げ」「先行」「差し」「追込」と呼ばれるものでしょう（さらに「捲り」などありますが限定的なのでここでは割愛）。**しかしこれは競走馬の位置取りを管理しやすいようにグループに分けたもの。**他馬との比較でたまたまそのポジションに収まっただけです。地方交流重賞を見てもらうとわかりやすいのですが、例えば中央だと常に10番手以降のポジションで追込の脚質で競馬をしているサンライズノヴァも、地方で走れば差しや場合によっては先行と先団グループで競馬をしています。単純に走力で上回っている中央馬はポジションが中央よりも上がるのですが、だからと言ってパフォーマンスが下がる事はありません。あくまで自分の競馬に徹した際に、それが今回の競馬において「先行」や「差し」といった脚質に当てはまるだけなのです。

つまり、**一般的な脚質とは相対的な評価**になっているという事です。

それに対し、本書で定義している脚質とはその言葉の通り「脚の質」という面で捉えています。**どの位置から競馬をするのかではなく、どのような脚を使えるか**という事を表しているというわけです。武豊騎手はサイレンススズカの事を「逃げて差す」と表現していました。まさにこのようなイメージで、位置取りとしては逃げのポジションにいるのですが、そこから勝負所でさらに加速して後続を突き放す差しのような競馬ができる馬もいます。まあ、実際のところサイレンススズカの逃げはハイペースを刻んで後続の脚を削ぐことで粘りこむタイプだったので、ギアファイブ的には「逃げて差す」というイメージには当てはまらないと個人的には考えています。私が見てきた中で「逃げて差す」に当てはまった馬だとダイワスカーレットや下級条件ではあったもののシルバーステートが思いつきます。これらは逃げながらも勝負所で加速し、速い脚を使って完封していました。仮に逃げる競馬をしなくてもこの2頭は力を出せていたと思います。

また、このコースは差し馬が有利というデータがあった場合も、ただやみくもに差し馬を選ぶことと脚質を理解していることでは意味が異なります。例えば差し馬が来る理由を考えた時に、ハイペースになりやすく勝負所で減速するレースであった場合はバテ合いに強く上りが掛かるレースで間に合う脚の遅い差し馬を選ぶ必要があります。逆にスローペースになりやすく勝負所で加速するレースであった場合は他馬を上回る速い上がりを使える脚の速い差し馬を選ぶ必要があります。単純に差し馬を選ぶだけでも2パターンあるというわけです。そしてこれがわかれば、別に先行馬でも減速する流れでバテないタイプがいれば前者で評価してもよく、先行しながら加速して速い上がりが使える馬は後者で評価してもよいのです。むしろ先行できる分、位置取りのアドバンテージがあるわけですから同じタイプの差し馬よりも好走する確率が高いとすら言えるでしょう。

　このように逃げや先行といった位置取りの脚質にこだわると、メンバー次第で想定とは違う競馬になる事がありますが、脚の速い馬なのか遅い馬なのかという脚の質で各馬を判断していると異なる位置取りになっても問題ありません。

　あくまで**脚質で見るべきは使える脚が速いか遅いかという点。**速ければ4～5速に向き、遅ければ2～1速に向くという事です。そして、その上に位置取りという戦略が立てられるのです。

脚質の理解が深まれば逃げ先行、差し追込みの意味が変わる

　そして、脚質の理解が深まればその馬が力を発揮できる位置取り（一般的な脚質）についても理解することができるでしょう。

　そもそも、脚の遅い馬は他馬と比較して速い脚が使えません。という事は、その分を補うためには勝負所までに物理的なアドバンテージを獲得している必要があります。特にスローペー

スになり高いギアが問われる加速力勝負になった場合だとなおさら。1~2速が得意な脚の遅いタイプが4~5速で好走しようと思うなら逃げや先行といった前目のポジションにつけることが重要となります。前述の代表馬として挙げた1速のダノンスマッシュや2速のレシステンシアも前目のポジションを取っています。逆にハイペースで高いギアが必要ない場合は、脚の遅い馬でも差して好走することは可能です。レース映像上は差しているように見えますが、1~2速のレースでは他の馬はバテている中で相対的に減速を押さえているというのが適切な表現と言えます。速い脚で他馬を交わしているというわけではありません。2速戦の2021年高松宮記念ではダノンスマッシュもレシステンシアも後ろから好走しています。

一方、脚の速い馬は他馬よりも速い脚を使う事に長けた馬です。「逃げて差す」のところで上げたダイワスカーレットやシルバーステートのように前に行って速い脚を使えればベストですが、序盤に脚を使う事で勝負所の加速が鈍ってしまっては元も子もありません。特にこのようなタイプは道中でスタミナを消費すると途端にガス欠が起きる馬が多いので、ハイペースのレースではなおさら差しや追込みといった後方に位置する戦略をとる方が好走につながります。4速の代表馬コントレイルも5速の代表馬グランアレグリアも脚を溜めることで爆発的なスピードを見せていました。逆に2頭が出走した3速戦の大阪杯ではコントレイル、グランアレグリアとも4コーナー2番手と強気な競馬をしましたが、その分切れ味が鈍り力を発揮することができませんでした。もしこれが4速なら押し切れたでしょう。

そして言い換えると、加速力が必要な4～5速のレースは前にいる馬が有利、逆に減速しないことが重要な1～2速のレースは後ろから競馬をする方が有利と言えるでしょう。よくスローペースは前が有利、ハイペースは後ろが有利と言いますが、これは大きな括りで言うと正解なのです。厳密には前述のように他馬を上回る速い脚が使えるなら後ろからでも届きますし、ハイペースでもバテずに走り切れる遅い脚が使える馬は前でも粘りこめます。ただ、やはり物理的な不利は否めません。

そのため、1～2速のレースでは前で粘った馬を評価し、逆に4～5速では後ろから追い抜いた馬を評価することで同じギアの中でもさらに評価の上げ下げが可能になります。

それぞれの評価の仕方は簡単。減速の大きなレースである1～2速であれば前で粘れていることが大事になるため、下記の計算方法で評価することが可能です。

「出走頭数－4コーナー順位－着順」

これは2021年競馬王1月号「ダートを極めて365日競馬を楽しむ！」にて寄稿したダート耐久値の考え方になります。この時はダートに限定してこの理論を紹介しましたが、ダートというのは多くのレースで1～2速の間に収まります。これはダート戦がほぼすべて道中よりも上りが掛かるレースになるという性質を有しているからであり、そのためにダートの場合だと決め打ちでこの評価方法が使えるという事で紹介したというわけです。

この評価方法はまず出走頭数から4コーナー順位を引くことによって、前にいる馬の数値が高くなるように調整しています。そこから着順を引くことで、どれだけ他馬を凌げているかを計算しています。例えば、16頭立てのレースで4コーナー通過順が1番手で1着だった馬の場合、値は「16－1－1＝14」となります。ただし同じ通過順でも16着に大敗していれば「16－1－16＝－1」となり、いくら前で競馬をしていてもゴールまでに着順を落としているようでは他馬を凌げていないため値は低くなります。また、差し馬でも上位に好走していれば値は高くなり、例えば16頭立てで4コーナー通過順が8番手の馬が3着だった場合、「16－8－3＝5」となり、これは4コーナー通過順1番手の馬が10着になった場合と同じになります。つまりこの計算式では先行して上位に好走するほど数値が大きくなるというわけです。

では逆に加速のレースである4～5速の評価方法はどうなるでしょうか？　先ほどと同じよ

うに考えれば答えは明白ですね。計算式は下記のようになります。

「4コーナー順位－着順」

1～2速の評価方法では前にいる馬の値を高くするために出走頭数から4コーナー順位を引いていたので、後ろにいる馬の評価を上げる場合は出走頭数を外せばいいだけ。これにより後ろから追い抜くほど高い値が出るようになります。これも例を挙げると、4コーナー通過順が16番手で1着だった馬の場合、値は「16－1＝15」となります。ただし同じ通過順でも16着に大敗していれば「16－16＝0」となり、いくら後ろで競馬をしていてもゴールまでに着順を上げていなければ他馬を追い抜けていないので値は低くなります。また、先行馬でも上位に好走していれば値は高くなり、例えば16頭立てで4コーナー通過順が6番手の馬が1着だった場合、「6－1＝5」となり、これは4コーナー通過順10番手の馬が5着になった場合と同じになります。つまりこの計算式では後ろから上位に好走するほど数値が大きくなるというわけです。

ちなみに、3速は加速も減速もしない（少ない）レース。そのため位置取りによる有利不利はなく、シンプルに着順の良い馬のパフォーマンスが高いと判断できます。

このように、**ギアファイブで各馬の脚質を見極め、その上でより優れたパフォーマンスを発揮した馬を位置取りから判断するのが合理的です。**なお、評価は今回のレースと同じクラスである方が望ましいので、予想するレースが重賞なら重賞レースでギアを確認し、その中で評価の高い馬の序列を上げるというように利用してみてください。

血統的な特徴はどこまで考慮すべきか

この章の最後に、血統的な話を少々。私は血統をあまり参考にはしません。というのも、結局走るのはお父さんやお母さんではなく自分自身だからです。ディープインパクトの子供が全てディープインパクトと同じなわけはありません。これは人間でも同じですよね。私は幼少期に野球をやっていたのでプロ野球はよく見ていたのですが、いわゆる二世選手が父親を超えるという事はほとんどありませんでした。これは別に二世選手を否定しているわけではなく、父親と同じなわけなどないので当然だという事です。

ただ、本書を書くにあたり種牡馬別で1～5速の勝率ランキングを作成してみたところ、面白い傾向が見られました。特にわかりやすいのはディープインパクトなので、ここを追っていきましょう。現役時代の同馬は国内で1度しか負けていない稀代の名馬でした。そのため弱点という弱点はありませんが、やはり最大の特徴は武豊騎手を持って「飛んでいる」と言わしめた脚の速さでしょう。加速力に優れ、他馬を一瞬で抜き去るスピードは天性のものでした。

そのため最も加速力が必要な5速では2位にランクイン。しかし少しギアが下がる4速、3速は4位と順位を落としています。さらに2速、1速ではトップ10にすら名前が上がらなくなりました。ディープインパクト産駒は父のストロングポイントであるスピードを受け継いでいるという事がわかります。

ちなみに、GIなど大舞台で活躍するには加速力が何より重要。なぜなら、多くのレースで加速力が問われる条件で行われるためです。そういった意味では現役時にスピードを見せていた馬の産駒が活躍するのは当然。そして、5速のラインナップがほぼ種牡馬リーディングであることからも、その関係性は間違いないでしょう。となると、ディープインパクト亡き今、次代の種牡馬の頂点に立つのはエピファネイアになりそうです。

なお、まだ未デビューの種牡馬や総数の少ない種牡馬は現役時の戦歴から予想することができます。今年デビューの種牡馬では、シルバーステートは条件戦しか走っていないとはいえ5

血統1速ランキング

父名	勝率	連対率	3着内率
Speightstown	18.6%	38.2%	44.1%
ヘニーヒューズ	10.5%	20.3%	28.0%
カジノドライヴ	9.9%	16.7%	24.1%
キズナ	9.6%	15.1%	21.1%
スズカコーズウェイ	9.5%	14.3%	23.8%
カレンブラックヒル	9.4%	16.0%	28.3%
アドマイヤオーラ	9.4%	17.3%	25.2%
アポロキングダム	9.3%	18.5%	24.7%
ロードカナロア	9.0%	18.5%	27.7%
ノボジャック	8.9%	16.0%	22.8%

血統2速ランキング

父名	勝率	連対率	3着内率
エスポワールシチー	12.6%	19.2%	23.2%
アドマイヤオーラ	11.1%	20.0%	27.4%
オルフェーヴル	11.0%	17.5%	23.8%
ロードカナロア	10.8%	19.9%	28.3%
サクラバクシンオー	10.8%	17.9%	22.6%
ヘニーヒューズ	10.6%	20.2%	27.8%
ゴールドアリュール	10.6%	17.4%	23.9%
カジノドライヴ	10.0%	16.3%	24.5%
トランセンド	9.8%	19.6%	32.7%
サウスヴィグラス	9.5%	17.7%	25.1%

血統3速ランキング

父名	勝率	連対率	3着内率
Tapit	18.2%	30.0%	40.0%
ロードカナロア	12.2%	21.5%	30.6%
トーセンファントム	12.1%	15.0%	19.6%
ディープインパクト	11.9%	22.3%	31.9%
Frankel	11.9%	23.8%	32.7%
マジェスティックウォリアー	10.8%	18.3%	22.5%
エスポワールシチー	10.1%	17.4%	25.3%
リアルインパクト	10.0%	19.2%	25.8%
キングカメハメハ	9.8%	19.5%	28.0%
フリオーソ	9.5%	17.1%	22.5%

血統4速ランキング

父名	勝率	連対率	3着内率
キズナ	15.9%	21.2%	30.3%
ロードカナロア	13.7%	25.9%	34.5%
アグネスデジタル	13.6%	24.6%	33.1%
ディープインパクト	12.5%	25.2%	36.0%
ヘニーヒューズ	12.0%	19.4%	29.6%
ホワイトマズル	11.6%	20.5%	28.6%
ジャスタウェイ	11.3%	21.1%	29.4%
ディープスカイ	10.8%	14.6%	19.7%
ルーラーシップ	10.6%	20.5%	30.9%
エピファネイア	10.6%	23.0%	33.6%

血統5速ランキング

父名	勝率	連対率	3着内率
エピファネイア	17.9%	32.4%	41.4%
ディープインパクト	15.2%	26.7%	38.2%
ロードカナロア	15.0%	28.1%	36.9%
キズナ	12.8%	27.4%	31.8%
キングカメハメハ	11.8%	21.8%	30.8%
ルーラーシップ	10.5%	21.3%	32.6%
ハーツクライ	10.1%	19.6%	30.5%
ダイワメジャー	10.0%	19.3%	30.1%
マンハッタンカフェ	9.9%	18.8%	28.6%
スクリーンヒーロー	9.8%	19.1%	25.7%

速のレースで高いパフォーマンスを発揮していたので、種牡馬としてのポテンシャルは高そうです。現役時の好走しているギアはどれにあたるのかぜひ皆さんもチェックしてみてください。

実際に走るのは自分自身。そのため何よりも優先すべきなのは各馬の戦歴ですが、それでも血統的な傾向があるのも事実です。2歳戦や3歳前半などキャリアの浅い馬は向き不向きがつかみきれません。野球選手の子供が野球をするように、全然違う傾向を見せるというケースもあまり多くありません。現役時の父と同じような適性を有した馬が多いので、そういう場合には血統の傾向を参考にするのは有効だと思います。

4章 競馬の根本的構造について知ろう

芝とダートではそもそも大きく違う

3章まででギアファイブについての基本は網羅しました。ここまでの考え方で十分、ギアファイブ理論で予想していただけるはずです。4章からはギアファイブをさらに有効活用するための競馬に関する知識をお伝えできればと思っています。もしかしたらギアファイブ以外の予想でもお使いいただけるかもしれませんので、読み進めていただけると幸いです。なお、ギアファイブで早く予想をしてみたい！という方は、6章で実際に私がどのように予想し、馬券を構築していったかを書いていますので、先にそちらを読み進めていただいても問題ありません。

ではまずは芝とダートについておさらいしておきましょう。

詳しくは巻末データにて掲載をしていますが、**芝で問われるギアの基本値は2~5速**。さすがにエンジンブレーキが最も効き、全馬バテ合いとなり脚の遅い馬が活躍できる1速はないのですが、競馬場や距離によって問われるギアが異なるバラエティーに富んだレースが行われます。例えば2速では中山競馬場の芝1200m、3速では阪神競馬場芝内回り2200m、4

速なら東京競馬場芝1600m、5速なら新潟競馬場芝外回り1800mといった感じです。減速が発生するレースもあれば加速発生するレースもあります。

それに対し、**ダートでは基本値が1~3速までしかありません。**つまり大きく減速するレース、小さく減速するレース、加速も減速もないレースの3つしかパターンがないという事になります。それぞれ微妙な違いはあるものの、大きな括りで言うと「加速することはない」というのがダートの最大の特徴です。つまり適性としては一つの方向に偏っていると言えるでしょう。

一般的に能力指数は芝よりもダートの方が安定すると言われる理由はこれになると私は考えています。前述の通り、芝に比べてダートは問われる適性の幅が狭く、適性による上げ下げをする必要がそこまでありません。脚の遅い馬グループの中でどの馬が強いのか?を決めるレースになるので、結果的に能力通りの結果になりやすいという事です。

一方、芝では条件によって加速するレースになるのか減速するレースになるのかが変わってきます。そのため、脚の遅い馬のグループから強い馬を選ぶのか、脚の速い馬のグループの中から強い馬を選ぶのかによって大きく予想が変わってしまいます。これを全て同じ括りで評価してしまうため、芝の能力指数ではブレが発生しやすいというわけです。

芝馬がダートで走れる場合、ダート馬が芝で走れる場合

芝は2~5速、ダートは1~3速が基本的な設定。という事は、芝とダートで被っている部分があります。それは2~3速のギアが問われるレースです。芝でも加速が生じないレースならダートをこなせる下地はあると言えますし、逆にダート馬でも加速の生じない芝のレースならこなせる可能性があるという事です。

芝からダートで成功したパターンは近年だとモズアスコットが思い浮かぶでしょうか。芝で2018年の安田記念、そしてダートでも2020年のフェブラリーステークスを制しています。同馬のキャリアを見るとダートでもこなせる可能性がある馬として見ることができます。

ダートを使われるまでの芝では1速の経験はなし。2速は2回経験し、2018年スワンステークスの2着と着外とはいえ4着の2017年阪神カップで【0・1・0・1】となります。そして3速では2018年の安田記念勝利など最も活躍したギアで【4・3・0・4】としています。一方で、4速は【1・1・0・1】と戦歴上は悪くないものの未勝利戦で、2着

も2018年安土城ステークス。安田記念出走へ向けて賞金的に万全を期するために出走したレースで、単勝1・5倍という圧倒的な支持を集めたレースでした。これはむしろ取りこぼしたと言える2着で、このレースがあったため連闘で挑む事となりました。前述の通り安田記念は3速なのでギアが下がったことでパフォーマンスが上がったと言えるでしょう。そして5速では【0・0・0・2】で未勝利戦すら着外に敗れています。このことからも、明らかに加速が必要な脚の速い馬ではないことがわかります。

そして、最も得意なギアは3速。これがバッチリ嵌るのが東京競馬場のダート1400mや1600mとなります。2020年根岸ステークス、同年フェブラリーステークスの連勝は同馬のギアがわかっていれば予想できたと言えるでしょう（2020年フェブラリーステークスは実際のレースは2速でしたが、フェブラリーステークス自体の適合ギアは3速）。他でも最近だと2021年フェブラリーステークスを9番人気で2着に好走したエアスピネルも芝では3速で好走、4速以上で取りこぼす典型的な芝の脚が遅いタイプの馬でした。こういう芝でも3速以下が得意なタイプはダートで変わり身を見せる可能性があります。

逆にダートから芝で好走する場合。このケースは芝からダートに比べてあまり多くはないのですが、その分来ると高配当になるので押さえておきたいポイントです。とはいえこのパター

モズアスコット成績

年月日	レース名	距離	人気	着順	道中3ハロン換算タイム	上がりタイム	ギアファイブ
2020.12.6	チャンピオンズカップ	ダ1800	11	5	36.2	37.0	3速
2020.11.14	武蔵野ステークス	ダ1600	2	7	35.2	36.4	2速
2020.10.12	マイルChS南部杯	ダ1600	2	2		不明	
2020.5.5	かしわ記念	ダ1600	1	6	37.4	36.3	4速
2020.3.29	高松宮記念	芝1200	5	13	34.2	34.5	3速
2020.2.23	フェブラリーステークス	ダ1600	1	1	35.2	36.5	2速
2020.2.2	根岸ステークス	ダ1400	3	1	35.5	35.4	3速
2019.11.17	マイルチャンピオンシップ	芝1600	7	14	35.3	34.2	4速
2019.10.26	毎日放送賞スワンステークス	芝1400	2	2	34.7	35.0	3速
2019.10.6	毎日王冠	芝1800	5	6	35.1	34.3	3速
2019.6.2	安田記念	芝1600	7	6	34.2	33.9	3速
2019.4.21	読売マイラーズカップ	芝1600	3	7	36.2	32.3	5速
2018.11.18	マイルチャンピオンシップ	芝1600	1	13	35.3	34.5	3速
2018.10.27	毎日放送賞スワンステークス	芝1400	1	2	34.5	35.5	2速
2018.6.3	安田記念	芝1600	9	1	34.1	34.5	3速
2018.5.27	安土城ステークス	芝1400	1	2	35.3	33.7	4速
2018.4.22	読売マイラーズカップ	芝1600	2	2	34.3	34.1	3速
2018.2.25	阪急杯	芝1400	1	2	34.1	34.6	3速
2017.12.23	阪神カップ	芝1400	1	4	33.6	34.7	2速
2017.11.26	渡月橋ステークス	芝1400	1	1	35.2	34.6	3速
2017.11.11	三鷹特別	芝1400	1	1	34.4	34.5	3速
2017.9.24	3歳以上500万下	芝1600	2	1	34.8	34.7	3速
2017.7.16	未勝利	芝1600	2	1	36.0	34.6	4速
2017.6.24	未勝利	芝1800	1	4	36.2	34.3	5速
2017.6.10	未勝利	芝2000	1	4	36.0	36.7	3速

ンは競走馬単体で説明するよりは、特定のレースで説明した方が良さそうです。

実は重賞でこのパターンが当てはまるレースがあるのです。それはズバリ、七夕賞。

七夕賞というレースは、芝で屈指

七夕賞における前走ダート馬の成績

年	馬名	人気	着順
2016	オリオンザジャパン	11	3
2018	パワーポケット	12	3
2020	パッシングスルー	10	6

の上がりが掛かるレースとして有名です…私の中でだけかもしれませんが（笑）。例年この時期は雨が降るという事もあり良馬場で行われることはめったにありません。過去5年で3回が良馬場以外で行われており、2021年も稍重で行われています。また、仮に良馬場であっても小回りハンデ戦。道中のペースが速くなり上がりの掛かるレースとなります。そのため、なんと芝でも1速の設定となるのが七夕賞の最大の特徴となります。

前述の通り、芝は基本が2～5速のギアで行われます。そのため1速のレースはよほど馬場が悪くなったかペースが速くなったかなどしないと発生しません。ゆえにほとんどの芝馬にとって七夕賞は初めてのギアとなるのです。そうなると俄然有利になるのは1速の経験が多いダート馬。過去5年で前走ダートだった馬の成績が【0・0・2・1】と勝ててはいないものの非常に優れた成績を収めています。ダート馬が芝で嵌るパターンの一つと言えるでしょう。

もちろん、芝とダートでは走る路盤が異なります。例えば芝からダートに替わると砂を被って走る気を削がれるといったケースなどがあり、必ずしも

カフェファラオ成績

年月日	レース名	距離	人気	着順	道中3ハロン換算タイム	上がりタイム	ギアファイブ
2021.7.18	函館記念	2000	1	9	35.4	36.0	3速
2021.5.5	かしわ記念	1600	1	5	36.2	38.9	1速
2021.2.21	フェブラリーステークス	1600	1	1	35.1	35.9	3速
2020.12.6	チャンピオンズカップ	1800	2	6	36.2	37.0	3速
2020.10.3	シリウスステークス	1900	1	1	37.1	37.4	3速
2020.7.8	ジャパンダートダービー	2000	1	7	36.9	39.8	1速
2020.6.21	ユニコーンステークス	1600	1	1	35.0	36.5	2速
2020.2.23	ヒヤシンスステークス	1600	1	1	37.1	35.9	4速
2019.12.14	新馬	1800	1	1	38.7	37.3	4速

理論通りに事が運ぶという事はありません。失敗例として一つ挙げると、2021年の函館記念のカフェファラオ。同馬はダート馬ですが3速のフェブラリーステークスを制し、4速となった新馬戦とヒヤシンスステークスも勝利しています。一方、地方で1速となったジャパンダートダービーとかしわ記念で敗戦しています。このことから芝もこなせるタイプだと考え、函館記念自体が3速と芝としては加速の生じないダート寄りのレースという事もあり本命としましたが、結果は1番人気を裏切る9着に敗れました。

それでも、競走馬のギアを理解しておくと芝からダートに替わっても走れる可能性がある、ダートから芝に替わっても走れる可能性があると予想することは可能になります。そして、このパターンは人気しないことがほとんどなので、適性が合っているのなら走れる可能性に賭ける方が得だと思います。ちなみに、カフェファラオの芝適性はまだ諦めていません。前走は芝よりも内枠に原因があると考えています。出来ればもう一度芝で見てみたい一頭です。

地方競馬場のコースの特徴も軽くチェック

先ほど地方競馬の話が出たので、ここで少し触れておきましょう。本書は中央競馬の予想理論になりますが、同様の考えで地方競馬も検討することが可能です。ただ、地方競馬についてはレースのラップを提供していないケースも多いので、全体的な傾向としてお届けします。

地方競馬のポイントはＪＲＡの競馬場よりも直線が短い事が挙げられます。

地方で最も長い大井競馬場こそ386ｍと中央と遜色ない…いや中央と比較しても長い部類のコースですが、最も短い名古屋競馬場になると194ｍ。これは中央で最も短い函館競馬場の260・3ｍと比較してもさらに50ｍ以上も短い直線となります。函館競馬場より短いコースで高知競馬場（200ｍ）、佐賀競馬場（200ｍ）、浦和競馬場（200ｍ）、園田競馬場（213ｍ）、水沢競馬場（220ｍ）、姫路競馬場（230ｍ）、金沢競馬場（236ｍ）、笠松競馬場（238ｍ）があります。残りは盛岡競馬場（300ｍ）、船橋競馬場

（３００ｍ）、川崎競馬場（３００ｍ）、門別競馬場（３３０ｍ）、そして先ほど挙げた多い競馬場です。３００ｍというと中央では短い部類に入る中山競馬場（３０８ｍ）と同じくらい。いかに直線の短いコースであるかがわかるでしょう。直線が短くなると、それだけ道中のペースが速くなり、道中のペースが速くなると負荷がかかるので勝負所では失速します。ラストも時計が掛かるので、脚の遅い馬が有利なレースとなるわけです。

ギアはレースの距離が延びるほど加速が生じやすい（速が生じにくい）レースになる傾向がありますにもかかわらず、例えば２０００ｍで直線の長い大井競馬場であっても1速となり、地方競馬は中央競馬以上にギアの上がらないレースになりやすいと覚えておいていただいて問題ありません。

距離適性よりも脚質がコースに合っているかの方が重要

さて、ここまでで勘の良い読者の方ならすでにお気づきかもしれませんが、**ギアファイブは芝よりダートの方が減速が発生するレースになり、芝でも長距離より短距離の方が減速が発生するレースになる**という事です。つまり、芝からダート、ダートから芝と条件替わりで好走するパターンは芝の短い距離までで発生しやすいという事です。先ほど例を挙げたモズアスコットも芝のマイルで活躍した馬でしたし、エアスピネルもそうですね。基本的に距離が延びるほどレースは道中を緩める傾向にあります。そのため勝負所で加速が生じ、脚の速い馬に有利なレースになります。

ダートは前述の通り適性に幅がありませんが、芝は2~5速まで幅広いギアが問われます。ただ、基本的に短距離なら加速しない2~3速、中距離なら加速する4~5速と考えていただいて問題ありません。

ただ、芝の短距離でも加速が発生する条件、芝の中距離以上でも加速しない条件が存在します。そして、これが適性予想をするうえで最も狙うべき妙味の高い条件と言えるでしょう。

短距離戦で4速のレースとなるのは東京競馬場の芝1400m。短距離戦では唯一となる直線の長い競馬場で行われる同コースでは（直線の長い競馬場でも1400mは設定されているが、外回りではなく内回りで行われるため）、道中の3ハロン換算タイムが35・5秒に対し上がり3ハロンは34・6秒というのが過去の平均タイムとなります。例えば同じ1400mでも阪神競馬場の内回りでは道中3ハロン換算タイム34・7秒に対し上がり3ハロンは35・3秒。全くレースの質が異なるのがわかるでしょう。まさに異端の短距離戦が東京競馬場の芝1400m戦なのです。

これは重賞でも同じで、このコースで行われる京王杯スプリングカップは4速、2歳戦で折り合い面も考慮される京王杯2歳ステークスに至っては5速と最大のギアが問われる脚の速い馬に有利なレースとなります。そのため京王杯スプリングカップは2021年の勝ち馬ラウダシオンや2020年の2着馬ステルヴィオなどのようにマイルGIや重賞で好走していた馬の活躍が目立ち、京王杯2歳ステークスは2019年の勝ち馬タイセイビジョンや2016年の勝ち馬モンドキャンノ、同年2着のレーヌミノルのように後にマイルGIや重賞で好走する馬が結果を出す傾向にあります。

逆に中距離以上でも加速しないレースとしては札幌競馬場や函館競馬場などが挙げられます。直線の短いこの2つの競馬場はともに洋芝で行われるという特徴もあります。野芝に比べて時計が掛かると言われている洋芝はその言葉通りに上がりを要し、勝負所でギアが上がりません。例えば札幌競馬場の芝2000mでは道中の3ハロン換算タイムは36・7秒で、上がり3ハロンは36・4秒と加速度合いは抑えられています。同様に函館競馬場の芝2000mも道中の3ハロン換算タイム36・4秒に対して上がり3ハロンは36・0秒。ともに3速の設定になります。

当然、先ほどの京王杯スプリングカップや京王杯2歳ステークスと同じく、同条件で行われる重賞である札幌記念や函館記念も3速の設定となります。中距離戦という事で加速力勝負に強い脚の速い馬を評価したいところですが、それは厳禁。例えば、2020年の札幌記念では1着ノームコア、2着ペルシアンナイト、3着ラッキーライラックとマイルGIの勝ち馬が上位を占め、3番人気で4着のポンデザールと4番人気で9着に敗れたブラックホールはマイル実績がありませんでした。特に後者は後に菊花賞で14番人気ながら5着に激走するタイプですから、ギアが異なる事がわかるでしょう。他にも札幌記念では2018年1着、2019年2着のサングレーザーもマイルGIの勝ち馬です。函館記念にはマイル実績馬があまり出走しないのですが2019年の勝ち馬マイスタイルはマイル重賞で2度の好走。また、2021年の勝ち馬トーセンスーリヤは3速の新潟大賞典を制しているように、中距離でもギアの上がらないレースで好走した実績が重要になります。逆説的に言うと、トーセンスーリヤはマイル重賞でも好走できる下地があるという事です。

問われる適性がわかれば過去の戦歴や将来の展望までこなすことが可能。これもギアファイブでグループ分けしている強みと言えるでしょう。

このようにギアファイブは距離適性よりも脚質の適性を重視します。脚質が馬場質に合っていれば、距離が違っても好走できるというのがギアファイブの考え方です。

実際、先ほどの例のようにマイル実績馬が2000mの重賞で活躍するケースや、1400mのレースでも4速の東京競馬場で行われればマイルの適性が問われるといったケースを紹介しました。さらに、これ以上に距離適性よりも脚質が合っていることが好走につながるというパターンを紹介したいと思います。

まずは牝馬のクラシック3戦を見てもらうとわかりやすいでしょう。この3戦は桜花賞4速、オークス4速、秋華賞3速で行われます。桜花賞に関しては短距離馬の参戦数によっては道中のペースが速くなり3速にギアが変わる年もありますが、オークスと秋華賞は毎年大きく変わりません。基本的に直線の長い阪神競馬場の外回りと東京競馬場の親和性は非常に高くなります。そのため、京都競馬場の内回りで行われる秋華賞は牝馬クラシック3戦の中でも異なります。

短い距離の方がギアが上がらないレースになると前述した通り、3速の秋華賞は1400mの実績がある馬が好走しやすい傾向にあります。2020年の秋華賞2着マジックキャッスルは2歳時に1400mのファンタジーステークスでレシステンシアに次ぐ2着に好走。

2017年の勝ち馬ディアドラもファンタジーステークスで2着がありました。1400mのレースが2000mのレースにつながるというのは距離適性よりも脚質の適性が上回っている証拠と言えるでしょう。

2021年の桜花賞は3速で、オークスは4速。例年よりギアの上がらなかった桜花賞となりましたので、1着ソダシや3着ファインルージュにとっては加速が発生した4速のオークスの敗戦は理解しやすいところです。しかし、秋華賞という視点で見ると今年の桜花賞はつながる可能性は高いと見ています。逆に加速力勝負となったオークスの好走馬は少し疑った方がいいでしょう。

さらに驚くべきは有馬記念でしょう。2500mのレースですが、実は昔から「有馬記念はマイラーでも好走できる」と言われていたほど。ウマ娘でも話題のグラスワンダーは1600mの朝日杯3歳ステークス（現朝日杯FS）や1400mの京王杯スプリングカップの勝ち馬で、安田記念でも2着の実績があるマイラーです。にもかかわらず、有馬記念の連覇があり、1999年にはジャパンカップや天皇賞（春）などを制したスペシャルウィークに勝利しています。距離適性を考えれば明らかにスペシャルウィークに軍配が上がりそうですよね。ちなみに、グラスワンダーは2500mのアルゼンチン共和国杯は1番人気で6着に敗れており、決して2500mという距離に適性があったというわけではありません。敗れたアルゼンチン共和国杯は5速。グラスワンダーは有馬記念という加速が生じないレースに強い脚の遅い馬だったから好走できたというわけです。

他にも少し前だと2006年と2007年の3着馬ダイワメジャーや、最近だと2017年に8番人気で2着に好走したクイーンズリングは1400mのフィリーズレビューと京都牝馬ステークスの勝ち馬でした。近年は距離適性を考慮されて有馬記念にマイラーの参戦は多くありませんが、今でもこういうパターンで穴をあけるケースはあります。距離適性ではなく脚質で予想をすることの重要性について参考にしていただけましたら幸いです。

距離適性を見るなら馬体重を参考に

それでも、やはり距離適性は大事というのも理解できます。実際、脚質は合っていても、直線で本来は粘れそうな条件でガス欠というシーンも見られるからです。

基本的に距離適性よりも脚質の適性を重視するべきというのが私の見解ですが、距離適性も多少は考慮します。ただ、単純に戦歴だけでは判断しません。見るべきポイントは馬体重です。

ギアファイブは競走馬を車のギアに喩える予想方法です。つまり車に搭載されているパーツというわけですが、変速機の部分が合っていても車体が合っていなければ100％の力を発揮することはできません。

よく「4WDは2WDより燃費が悪い」と言われます。カタログなどに記載されている燃費を見ると、車種によって差はありますが4WDの燃費は2WDより概ね2％から14％ほど低くなっているようです。4WDの燃費が悪くなる最大の理由は車体の重量が2WDに比べて50キロから90キロほど重いことが挙げられます。

競走馬も車と同じ。距離が延びるとそれだけ効率よく燃費を促す必要があるわけですが、車と同じように馬体重が重く筋肉量が増えると燃費が悪くなってしまいます。人間でイメージするともっとわかりやすいかもしれません。100m走を走るボルト選手なんかは筋肉ムキムキですよね。逆にマラソンランナーは極限まで体を細くしています。車も人間も競走馬も原理は全て同じです。つまりスタミナが問われる状況において、不必要なのは筋肉。筋肉は重いので多くの筋肉を身にまとって走っている馬は当然燃費が悪くなります。乳酸が溜まって動けなく

馬体重469キロ以下の馬の距離別成績

距離	勝率	連対率	複勝率
1000m～1300m	6.0%	12.3%	19.0%
1400m～1600m	6.2%	12.8%	19.4%
1700m～2000m	6.9%	14.0%	21.3%
2100m～2400m	7.2%	14.3%	21.7%
2500m～	7.4%	16.4%	24.1%

馬体重470キロ以上の馬の距離別成績

距離	勝率	連対率	複勝率
1000m～1300m	8.0%	15.4%	22.2%
1400m～1600m	8.2%	15.6%	23.1%
1700m～2000m	8.5%	16.8%	24.9%
2100m～2400m	8.8%	17.4%	26.0%
2500m～	7.9%	14.7%	22.5%

なった筋肉はただの重りでしかありません。

よって、**馬体重で距離適性を判断するのがベターだと考えています。**馬体重が軽ければ長距離でもこなせ、馬体重の重い馬はその筋肉量で短い距離で狙うというイメージです。競走馬の平均的な馬体重が470キロほどなので、ここを閾値と考えるのがベターでしょう。実際、469キロ以下の馬は距離が延びるほど成績が上がる傾向にありますし、470キロ以上では2500m以上の距離になるとガクッと成績を落としています。

3歳牡馬クラシックの3戦は皐月賞が3速、日本ダービーが5速、そして菊花賞が4速で行われます。それぞれ異なるギアのレースで、それゆえに様々なパターンで結果を出す必要があるため三冠馬の誕生が難しいという側面があります。それゆえ三冠となるとセントライト、シンザン、ミスターシービー、シンボリルドルフ、ナリタブライアン、ディープインパクト、オルフェーヴル、コントレイルの8頭しか誕生していません。

三冠馬のレース別成績と馬体重

年度	馬名	性	皐月賞	日本ダービー	菊花賞	菊花賞時馬体重
1941年	セントライト	牡	1着	1着	1着	不明
1964年	シンザン	牡	1着	1着	1着	不明
1983年	ミスターシービー	牡	1着	1着	1着	不明
1984年	シンボリルドルフ	牡	1着	1着	1着	不明
1994年	ナリタブライアン	牡	1着	1着	1着	470キロ
2005年	ディープインパクト	牡	1着	1着	1着	444キロ
2011年	オルフェーヴル	牡	1着	1着	1着	466キロ
2020年	コントレイル	牡	1着	1着	1着	458キロ

一方、二冠馬は何頭かいるのですが、馬体重が確認できた1987年サクラスターオー以降に限定すると、470キロ以上で菊花賞を制した馬はセイウンスカイ、エアシャカール、ゴールドシップ。この3頭は皐月賞を制して日本ダービーを敗戦しているという共通点がありました。皐月賞は3速、日本ダービーは5速なので、前者を勝利して後者で負けているというのは加速力勝負が苦手な脚の遅い馬となります。適性としては3速に寄っているので、4速になる事で日本ダービーよりもパフォーマンスが上がったという事です。

逆に3速の皐月賞と5速の日本ダービーという異なるギアのレースを制した明らかに世代で格上と呼べる存在にも関わらず、菊花賞で敗れたミホノブルボン、ネオユニヴァース、メイショウサムソンは馬体重が470キロを大きく超えて500キロ近い馬体重でした。つまり能力的には4速の菊花賞をこなせる可能性が高かったにもかかわらず、馬体重が重

二冠馬のレース別成績と馬体重

年度	馬名	性	皐月賞	日本ダービー	菊花賞	菊花賞時馬体重
1943年	クリフジ	牝	不出走	1着	1着	不明
1949年	トサミドリ	牡	1着	7着	1着	不明
1950年	クモノハナ	牡	1着	1着	2着	不明
1951年	トキノミノル	牡	1着	1着	不出走	不明
1952年	クリノハナ	牡	1着	1着	不出走	不明
1953年	ボストニアン	牡	1着	1着	2着	不明
1954年	ダイナナホウシユウ	牡	1着	4着	1着	不明
1960年	コダマ	牡	1着	1着	5着	不明
1963年	メイズイ	牡	1着	1着	6着	不明
1970年	タニノムーティエ	牡	1着	1着	11着	不明
1971年	ヒカルイマイ	牡	1着	1着	不出走	不明
1973年	タケホープ	牡	不出走	1着	1着	不明
1974年	キタノカチドキ	牡	1着	3着	1着	不明
1975年	カブラヤオー	牡	1着	1着	不出走	不明
1981年	カツトップエース	牡	1着	1着	不出走	不明
1985年	ミホシンザン	牡	1着	不出走	1着	不明
1987年	サクラスターオー	牡	1着	不出走	1着	446キロ(菊花賞時)
1991年	トウカイテイオー	牡	1着	1着	不出走	460キロ(日本ダービー時)
1992年	ミホノブルボン	牡	1着	1着	2着	512キロ(菊花賞時)
1997年	サニーブライアン	牡	1着	1着	不出走	466キロ(日本ダービー時)
1998年	セイウンスカイ	牡	1着	4着	1着	470キロ(菊花賞時)
2000年	エアシャカール	牡	1着	2着	1着	494キロ(菊花賞時)
2003年	ネオユニヴァース	牡	1着	1着	3着	492キロ(菊花賞時)
2006年	メイショウサムソン	牡	1着	1着	4着	518キロ(菊花賞時)
2012年	ゴールドシップ	牡	1着	5着	1着	500キロ(菊花賞時)
2015年	ドゥラメンテ	牡	1着	1着	不出走	484キロ(日本ダービー時)

く燃費が悪かったことで取りこぼしたと考えられるのです。なお、三冠馬の内、ディープインパクト、オルフェーヴル、コントレイルが469キロ以下。ナリタブライアンも470キロと閾値ギリギリなので及第点とすれば、大型馬ではない二冠馬が誕生した時点で三冠馬の可能性はかなり高まると言えるでしょう。

ちなみに、これを踏まえると菊花賞の出走が叶わなかったトウカイテイオー、サニーブライアン、ドゥラメンテの菊花賞の成績が予想できます。日本ダービー時ではありますが馬体重を見ると、トウカイテイオーとサニーブライアンは三冠馬になれた可能性が高く、ドゥラメンテは二冠馬となっていた可能性が高いという事になります。テイオーの三冠断念はウマ娘でもグッとくるところがありましたし、これだけ可能性が高かったと考えられるなら見たかったところです。

競走馬は歳を重ねると血統的な傾向が強まるため距離適性が短くなると言われることがあります。そのためオークスや日本ダービー、菊花賞時点ではそこまで血統は考えなくていいという話をよく聞きますが、個人的には3歳時は馬体も成長しておらず筋肉も付ききっていないので馬体重が軽い馬が多く、そのため燃費が良いことから距離をこなしますが、古馬になり馬体が成長することで筋肉量が増え馬体重が重くなる事で結果的に燃費が悪くなり距離の融通が利かなくなるのではと考えています。

また、近年の牝馬の活躍も牝馬は筋肉量がそもそも牡馬に比べて多くないため、大きくなってもリスグラシューやクロノジェネシスのように470キロ前後というケースが多いです。450キロ台でも強かった馬がそこから20キロくらい筋肉が増えて手が付けられなくなるという塩梅ですね。470キロが平均と考えると、このあたりの馬体重であればすべての条件をこなせると言えるでしょう。まさに競走馬にとっての理想の馬体重と言えそうです。近年、牡馬は500キロ超えをする馬も多く、成長しすぎることが逆に弊害になっているのではないかと考えています。

改めてになりますが、**ギアファイブは基本的に距離適性を考慮する必要はない予想理論ではありますが、変速機と車体が合致した馬を狙う事でさらに狙い馬も絞れるようになります。**そして、その閾値は**469キロ以下なら長距離、470キロ以上なら短距離**となります。

5章 脚の速い馬、遅い馬を見抜く方法

競走馬の能力はスピードとスタミナに分けられる

ギアファイブの理論として、基本は過去に好走したギアを確認することで適性を判断するという方法があります。適性を判断し、その中でどの馬のパフォーマンスが良かったかは1~2速であれば前に行って粘れたかどうか？　4~5速の場合は後ろから追い抜くことができたかどうか？で判断することが可能でした。3速の場合はそのまま着順の良い馬ですね。

これでも十分成果を上げることができますが、そもそも今回の馬場質から問われるギアへの出走がない場合。こういう時に評価に困ります。1速が初めての場合は2速の成績から類推したり、血統的にこなせるかどうか予想したりなど応用も可能ですが、しっかりと根拠を持って考えたいという方もいるでしょう。

そのような方は本章が非常に参考になります。

まず、競走馬には2つの能力があると私は考えています。それは**スピードとスタミナ**。スピードとは速さの事を指し、速力と言い換えることができるでしょう。「スピードを出す」「スピードがある」などのように、特にはやい速度について指します。そしてスタミナとは体力や持久力といった意味を指します。それぞれ競馬に当てはめると、**スピードとは競走馬の最高速度を指し、これは各馬が全速力で走るラスト3ハロン区間にこそ表れていると考えています。そしてスタミナは競走馬のバテない力を指します。道中どれだけ厳しいペースを耐えることができたか、という点に表れています。**

つまりここまで脚の速い馬、脚の遅い馬と言及してきましたが、**脚の速さはスピード、脚の遅さはスタミナ**にそれぞれ振り分けられるという事です。そのため、脚の速さを見抜くにはラスト3ハロン区間でどれだけ速いタイムを記録できたか?が重要で、脚の遅さを見抜くには道中どれだけ厳しいペースを追走して失速せずに走り抜くことができたか?が重要になるという事です。過去走からスピード能力とスタミナ能力を求めることができれば、仮に1速の経験がなくてもスタミナ能力が高ければこなすことができると予想できます。

ちなみに、スピードは競走馬のキャリアの中の最初の段階で記録されることが多いです。つまりスピードは競走馬にとって先天的なもの、才能だと考えています。それに対してスタミナはキャリアを重ねる中で厳しいレースを経験し、そこで耐える競馬をすることができた馬に備わるものです。つまり鍛えて強くなる後天的なもの、努力や経験と言えるでしょう。いくら調教で鍛錬を積むことができるとはいえ、調教で使用する坂路コースは4F（800m）しか追われませんし、ウッドチップコースでも6F（1200m）と長い距離で負荷をかけられる事はありません。もちろん、レースほどメイチで追われることもありませんし、調教で手を抜いているわけではありませんが練習と本番では強度が違います。

こうして能力を2つに分けることで各馬を評価しています。なお、私はこれを「ギア指数」と呼び、各馬の能力を計算して提供しています。もしご興味がある方はオンラインサロン、ｎｏｔｅをご覧いただけましたら幸いです。

それでは、ギア指数を求める上で見ている点を紹介していきます。

スタミナを見抜くには道中の走りが重要

すでに紹介しているように、ギアファイブはラップがベースになる予想理論です。そのためラップ分析が重要になります。まずはラップタイムの見るべきポイントを紹介していきましょう。

競走馬のスタミナを見るには、道中のラップが非常に重要になります。道中のペースが速くなると、それだけ追走に脚を使うことになります。スタミナとは言い換えれば有酸素系の運動能力となるわけですが、有酸素性のエネルギーは酸素を用いて作られるもので主にマラソンなど長時間の運動に使用します。強度は弱く持続力に富んでいるため、勝負所で減速するレースになっても脚を持続させることが可能になります。脚の遅い馬にとってはこの能力が非常に重要となります。

競走馬と言うのは、1ハロン15秒あたりで血中乳酸値が上がり始め、13〜14秒あたりで有酸素性エネルギーの生産能力が最大値に達すると言われています。実際のレースにおいてハロン15秒台で走るという事はまずありませんし、13秒台もよほどスローペースでなければこれより速いタイムで走っています。つまり普通にレースを走っているだけで有酸素性エネルギーを消費しており、そのタイムが速ければ速いほど負荷が高いというのは想像に難くありません。

通常、ハイペースは後方待機馬が有利、スローペースは前の組が有利と言われます。実はこれは半分正解で半分不正解。大きな傾向としては間違っていませんが、ハイペースに強い先行馬もいればスローペースに強い差し馬もいます。そのため大まかには正解ですが競走馬の適性によるというのが答えでしょう。

そして、いわゆるスピード能力に長けた馬がなぜハイペースで伸びて来れないかというと、道中の追走で有酸素性のエネルギーを全て消費してしまい、本来最後に使うはずだった無酸素性のエネルギーまで消費してしまいガス欠の状態となってしまうからです。ガス欠と言えば逃げ馬が直線で逆噴射するというようなイメージを想像するかもしれませんが、何も逃げ馬だけがそうした状況に陥っているわけではありません。差し馬や追い込み馬にだって、そうした敗因は存在するのです。脚の遅い馬が好走できる条件というのは、道中脚を使わせて有酸素性のエネルギーを消費させることでスピードが問われないようにする必要があるのです。そのため脚の遅い馬はスタミナが必要になるというわけです。

この能力が非常に高いのがクリソベリルでした。特に秀逸であったのが2020年のJBCクラシックで、道中のタイムは36・7秒とダート2000mでは速いタイムを記録していました。この速いペースを先行して押し切ったクリソベリルは1速の経験こそありませんでしたが、非常に優れたスタミナを有しているという事で1速のスペシャリストとして表紙に掲載しています。実際、ギアが低く脚の遅い馬が好走する地方で無類の強さを発揮していた一方で、中央のスピードも必要な（減速しないレース）チャンピオンズカップでは2019年がクビ差（3歳時で斤量有利）、2020年が状態面に不安があったとはいえ4着に敗れています。これも同馬がスタミナに優れたタイプでスピード面に不安があるからこそ起こった事象であると考えられます。

各距離で基準となるタイムを別表に纏めておきましたので参考にしてみてください。このタイムより速いペースで道中を追走し、かつバテずに走り切れている馬はスタミナ能力の高い馬と判断できます。

基準タイム

距離	基準タイム(3ハロン換算)	
	芝	ダート
1000	32.9	35.6
1150	33.7	36.1
1200	34.4	36.6
1300	34.9	37.0
1400	35.1	37.1
1500	35.7	37.6
1600	35.7	37.4
1700	36.3	37.9
1800	36.6	38.1
1900	36.6	38.0
2000	36.6	37.9
2100	37.0	38.3
2200	36.9	38.1
2300	37.4	38.6
2400	37.4	38.5
2500	37.2	38.3
2600	37.6	38.6
3000	37.8	38.7
3200	37.5	38.3
3400	37.9	38.7
3600	37.9	38.6

※施行のない条件の距離は目安の数値

スピードを見抜くにはラスト2ハロン目のタイムに注目

一方、レースにおいてもう一つ重要な能力があり、それがスピード。これは無酸素性のエネルギーとも言い換えることができ、酸素を使わずに作られます。いわゆる短距離走のように短い時間の運動に使われ、強度が強く爆発力のあるエネルギーとなります。

無酸素性のエネルギーの量には限度があります。そのため使う箇所は限られており、それは**全ての競走馬が全力で走るラスト3ハロン**。その中でも最も速いラップが刻まれる**ラスト2ハロン目に全てが集約されています**。ラスト2ハロン目というのは多くの競馬場にとって4コーナーを回って直線に入る区間に相当し、ここで一気に無酸素性のエネルギーを使います。そのため、この区間に競走馬のトップスピードが現れるのです。

見方としてはラスト2ハロン目のタイムが速ければ速いほど良いという非常にシンプルなもの。距離などは関係なく、いかにこの区間で速いタイムを出せるかでその馬のトップスピードが決まります。

なお、理想を言うと各馬のラスト2ハロン目のタイムがわかればベスト。しかし、現在のところ公式で各馬のラップタイムは提供されていません。そのため、私は人力で各馬のラップタイムの採取を始めました。例えば2021年の日本ダービーは1着シャフリヤール、2着エフフォーリア、3着ステラヴェローチェと好走した3頭は共同通信杯を経験していた馬でした。この3頭の同レースでのラスト2ハロン目のタイムを採取したところ下記のようになりました。

シャフリヤール　10・5秒
エフフォーリア　10・6秒
ステラヴェローチェ　10・9秒

もちろん個人で取ったタイムなので誤差はある可能性もありますが、最も速いタイムを記録していたのは共同通信杯では3着だったシャフリヤールでした。差がなく次いでエフフォーリア、そして少し空いてステラヴェローチェの順。日本ダービーは5速のレースなので、トップスピードがそのまま着順に反映された形となりました。

個別に各馬のタイムを取れればベストですが、なかなかそれも難しいでしょう。そういう時は代替案として、レースのラスト2ハロン目のタイムと、3章でも使用した4コーナー順位から着順を引くことで求められる他馬を追い抜いた数値を参考にすることで疑似的に各馬の２ハロン目のタイムを予想することが可能です。なぜなら、公式が発表しているタイムはレースタイムで、これは先頭を走っている馬のラップになります。という事は他馬を追い抜いている馬はその分だけ速いラップで走っていると考えられます。先の日本ダービーの3頭も4コーナー8番手から3着のシャフリヤールが最も他馬を追い抜いており、エフフォーリアは3番手から1着。ステラヴェローチェは6番手から5着となっています。

ちなみに、スピードもスタミナもどちらも高い馬がいます。これがいわゆるスターホースと呼ばれる存在で、弱点がなくどの条件でもこなせる馬という事になります。ただ、どちらも抜けているくらいスペシャルな馬でないと両方こなせるというのは言い換えるとどちらかに寄らず長所がないという事になりかねません。

現役馬の中の勝ちきれない馬としてカレンブーケドールがまさにこれに当てはまります。スピードもスタミナも一定水準以上ありどの条件もこなせるのですが、どちらかに突き抜けておらず、スピードかスタミナか一芸に秀でた馬に敗れてしまいます。馬券の軸という意味では重宝しますが、両方走れる馬は器用貧乏で終わる可能性も考慮すべきでしょう。

パトロールチェックの中に思わぬヒントが隠されている

皆さんはパトロール映像を見ていますか？

パトロール映像とは、「公営競技の競走中における不正行為の判断のために撮影されるビデオ」の事を指します。競馬におけるパトロール映像とは、パトロールタワーと呼ばれる複数の塔から俯瞰で見られるようにレースを撮影したビデオとなります。高い位置から馬群全体が画面に収まるように撮影しており、通常のレース映像に比べて各馬の位置取りがわかりやすいというのがパトロール映像の特徴と言えるでしょう。

そのため、横からの視点となる通常のレース映像ではわからないレース中の不利など様々な発見を得ることができるのがパトロール映像の利点です。まさに宝の山と言っても過言ではありません。そして、競馬において不利はレースに大きな影響を与えます。競馬王4月号「内か外か?前か後ろか?」でも書かせていただきましたが、私がパトロール映像をチェックする上で注目すべきポイントをいくつか纏めてみましたので是非チェックしてみてください。

パトロールチェック最大の利点は、レースを俯瞰で見ることができる点です。内と外のどこ

を通っているか？といった進路取りを確認できることにあります。**

競馬において内を追走することと外を追走することでどちらが有利かというと、圧倒的に前者になります。やはり競馬という競技は「馬が競う」と書くわけですから、出走馬の中で最初にゴールに到達することが最重要な競技となります。つまり外を追走するという事はそれだけ内の馬に対して距離のディスアドバンテージが発生するというわけです。

では、具体的にどれだけ外を追走する馬の不利が発生するか。改めて考えたことがある人はいるでしょうか？

競馬場によっては1～2コーナーと3～4コーナーの半径が異なる場合があるので、ここでは競馬場全体がほぼ円形に近い札幌競馬場の場合を例にしてみます。コーナー半径はだいたい１６４ｍほどとなり、直径はその値に2を掛けて３２８ｍほどになります。これを終始最内を通過した場合、距離ロスは最小限の「0」となるのは理解できるでしょう。しかし、最内から1馬身（２ｍと仮定）外を走った場合、1周距離は次のようになります。

最内を通った場合：（半径１６４ｍ×２）×３・14＝１０３０ｍ

最内から1馬身外を通った場合…（（半径164m＋1馬身2m）×2）×3・14＝1042m

つまり最内から1頭分外を通った場合、1周すると12mの距離損となるわけです。1馬身がおよそ2mと仮定しているため、12mだと6馬身もの損をしている計算になります。さらにイメージしやすいようにタイムで表すと、6馬身は1・2秒。これだけ大きな差が発生してしまうというわけです。という事は最内からさらに2馬身離れた場合、1周すると25mの損となり、タイムに換算するとおよそ2・5秒の不利が発生します。

もちろん、あくまで机上の空論で1周全て同じ位置で走った場合の概算ではありますが、いかに外を回ることが不利であるかは理解できるでしょう。仮に4コーナーにおける位置だけでも、最内と1頭分外では0・3秒ほどのタイム差が発生する計算になります。そのため、外を追走した馬にはコースロスがあったとしてチェックしておく必要があります。競馬において内を回った馬は有利、外を回った馬は不利というのはまず大前提として理解しておく必要があるでしょう。単純に距離損という事だけを考えた場合、外を回るとこれだけタイムに影響が出るというのは改めて意識しておきましょう。

ただし、外を回った方が走りやすい馬も存在します。**「コースロス」**と**「ストライドロス」**という言葉を聞いたことはあるでしょうか？

前者についてはその言葉からもイメージしやすいと思います。コースロスとはつまり距離損の事になります。前述の外を回ると○馬身損をするというのがこれに該当します。一方、ストライドロスとはフットワークが乱れる損の事を指します。この2つは前者ばかりに注意がいってしまいますが、コースロスを防ぐためにはインを突くほうが距離は短くなる半面、逆に馬のフットワークを微妙に変化させなければいけません。フットワークを保って回れば、案外馬のスタミナを消費せず、スピードも落ちない場合が多いのです。

特にこの2つの不利に関しては競走馬の特性を考える必要が出てきます。競走馬にはストライド走法とピッチ走法という2つの走り方があり、簡単に言うと前者は飛びの大きな走り方、後者は飛びの小さな走り方となります。ストライド走法の馬はフットワークが大きいので、瞬時に加速することは難しいですが、一度加速すればそのスピードを持続させることは容易です。一方、ピッチ走法の場合は瞬時に加速しやすいですが、反面、スピードを維持するのにはかなりの労力を伴います。つまり、ストライド走法の馬はコースロスよりもストライドロスを防ぐ乗り方がベストで、ピッチ走法の馬はストライドロスよりもコースロスを防ぐ乗り方がべストだと言えます。

ストライド走法、ピッチ走法にも注目すると内追走がいいのか、外追走がいいのかの理解がさらに深まります。走法について難しくて判断し辛いという方は、シンプルに馬体重を見るのも参考になります。やはり馬体重の大きな馬は体が大きく、走りも大きくストライド走法になりやすい傾向にあります。逆に馬体重が小さければ体が小さく、走りも小さなピッチ走法になりやすい傾向にあります。

不利のパターンは主に10種類に分けられる

このように外を通ることは基本的に不利。しかし、特定の条件下では不利にならないケースもあります。それは**内の馬場が荒れている場合。**

2021年の1回中京競馬場の芝は開幕から内しか伸びないという状況が続いていましたが、雨の影響もあり途中から一転して外しか伸びない馬場へと変貌していました。例えば日経新春杯の週なんかは内が荒れており、当レースも内目を通ったアドマイヤビルゴやヴェロックスといった人気馬が総じて敗戦していました。一方で、外目を追走していたミスマンマミーアが13番人気で2着するなど、馬場状態に恵まれたことは明らかでした。ちなみに、このレースで内目から上位に善戦したサンレイポケットは次走の白富士Sで早速2着に好走を果たしていました。

トラックバイアスによる内追走不利と外追走不利は見分けやすく、また次走以降の馬券に直結しやすいとっつきやすい材料ですが、パトロール映像を見ていないと確認できない情報でもあります。ちょっとの手間で有益な情報を得ることができるので、ぜひチェックしてみてください。

また、パトロール映像を見ることで通常のレース映像の横からの視点だけではなく、縦からの視点で競馬を確認することができます。そのため、前後の視点からだと特にダート戦において発生する**砂をかぶって嫌がっているか**を確認することができます。頭を上げて嫌がる仕草を見せるのでこれも比較的わかりやすいパトロールチェックの項目でしょう。

そして砂被りと近いですが**馬群で揉まれて走る気をなくす**馬も非常に多くいます。最近の例だとダート3連勝でオープンまで駆け上がったアメリカンシードがイメージしやすいと思います。重賞初挑戦となったマーチステークスでは内目の枠に加えてこれまでスムーズに競馬ができていた馬が重賞級のメンバーが相手で逃げられずに道中は馬込みで競馬をする形となりました。初めての経験であったと同時に、揉まれるのが非常に苦手という事で1番人気を裏切る14着に敗戦しています。その後は外枠から逃げが叶った平安ステークスでハイペースのレコード決着を2着に粘る強い競馬をしたのですが、再度内枠から揉まれたエルムステークスで大敗しています。

こうした馬は内だと力が出せず、外で競馬をすることが条件。また、こういう馬は前に行って逃げるような形をとるか、逆に後に下げて後方で揉まれない競馬をするかが重要です。砂被りを筆頭に内、あるいは後で揉まれる場面も、パトロール映像を確認することでチェックが可能となるのです。これらの特性がわかっていれば当てはまるときは軽視もできますし、過去走も度外視することができます。敗戦一つとっても色々な要因があるので、近走数戦負けているからって評価を下げるのは早計でしょう。

なお、これらに加えて**出遅れや他馬との接触などの不利といった比較的見つけやすい不利など大きく10パターンほどがパトロールチェックで確認できます。**これらに該当する場合は、相応の補正をして評価してあげることが大事です。

不利の種類と説明

不利の種類	不利の内容	不利の大きさ	不利後の効果
内追走不利	開催後半などの内が荒れている馬場で終始内を通った馬に付与。馬場が悪いコースを走っているのでパフォーマンス低下につながる。	大	次走以降で再び特殊な馬場状態で走らされる場合を除き、すべてにおいて注目。
外追走不利	道中で終始外を走った馬に付与。例えば札幌競馬で1周終始1頭分外を走った場合、単純なタイム換算で1.2秒ほどの不利となる。	大	次走以降で内枠に入るなど外を走らされない状況に戻れば一変の可能性も。
展開不利	スローペースで後方待機から脚を余した馬、もしくはハイペースを先行してバテてしまった馬に付与。自身の能力以上に着順を落としている場合が多い。	大	次走以降で再び同様の展開不利が見込めない場合は一変の可能性あり。
直線不利	直線で前が壁になる、包まれるといった物理的な不利があった場合に付与。ただし、不利を受けた後に伸びが見られないような馬は割愛する場合も。	大	次走以降どの状況でも注目。
道中不利	レースの道中で前が壁になる、包まれるといった物理的な不利があった場合に付与。	中	次走以降どの状況でも注目だが、致命的な不利になりやすい直線不利よりは重要度が低い。
砂嫌がる	ダート戦において、道中前を走る馬が蹴り上げる砂を被ってしまい、嫌気を差して競馬を止めてしまう、あるいは位置取りを下げる馬などに付与。	中	次走以降で砂を被らない外目の枠に入った場合や、相手関係から逃げられる場合などに一変する可能性あり。
内もたれる	主に直線で内にもたれる馬に付与。まっすぐ走れないので距離損が発生したり、内にもたれる場合はラチを頼る競馬になってしまう。	小	次走以降でラチを頼りやすい内目の枠ならまっすぐ走れる可能性が高まる。また、左回りで内にもたれる場合は次走で右回りに、右回りで内にもたれる場合は次走左回りに替わると走りやすくなる。成長し、もたれる面を見せなくなれば一変も期待できる。
外もたれる	主に直線で外にもたれる馬に付与。まっすぐ走れないので距離損が発生する。	小	左回りで外にもたれる場合は次走で右回りで、右回りで外にもたれる場合は次走左回りで内にもたれる可能性が高く注意。成長し、もたれる面を見せなくなれば一変も期待できる。
スタート出負け	スタート時にダッシュがつかなかったり躓いたりなどして出遅れた場合に付与。	小	出遅れた馬身分だけ次走で巻き返す可能性があるが、スタートが苦手な馬は次走も出遅れる可能性があり常習性があるかのチェックは大事。
スタート直後不利	スタート時、もしくはスタート直後に他馬に寄られるなどした場合。	小	次走以降どの状況でも注目だが、同じ他馬から受けた不利なら直線不利や道中不利よりは重要度が低い。

騎手もギア流で評価

騎手の評価をする場合、皆さんはどこを見ているでしょうか？　リーディング順位やコース別の成績などが思い浮かびます。

本書では騎手の評価もギアファイブ流で行ってみます。3章で1～2速の勝負所で減速するいわゆる脚の遅い馬が好走できるレースでは出走頭数から4コーナー順位と着順を引くことで評価するという事を書いていました。これを騎手に当てはめると、どれだけ粘らせることができるかというのがわかります。ここではこれを「粘り」と表現して、平均値を出力しました。それぞれ芝とダートで分けています。

騎乗馬を粘らせるという技術に関しては芝、ダートとも川田騎手が1位。特に芝では2位のルメール騎手と比較しても大きな差があり、まさに圧倒的な存在と言えそうです。以下は芝もダートもいわゆるリーディング上位騎手という面々ですが、気になるところでは三浦皇成騎手が芝とダートで6位に入っています。怪我から復帰後は重賞でこそあまり活躍は見られませんが条件戦では好走も多く、上級条件でももう少し騎乗馬の質が上がれば1～2速のレースでは活躍が見られそうです。これらの騎手が騎乗している馬は1～2速の設定となるレースでぜひ

騎手別粘り順位

順位	芝		ダート	
	騎手名	平均粘り	騎手名	平均粘り
1	川田将雅	6.1	川田将雅	5.9
2	ルメール	4.3	マーフィ	5.8
3	M.デム	3.9	ルメール	5.6
4	福永祐一	3.8	福永祐一	3.8
5	戸崎圭太	3.6	武豊	3.3
6	三浦皇成	2.7	三浦皇成	2.8
7	石橋脩	2.2	M.デム	2.8
8	武豊	2.0	戸崎圭太	2.7
9	岩田望来	2.0	松山弘平	2.6
10	津村明秀	2.0	田辺裕信	2.6

狙ってみてください。ちなみに、トップ10以外では芝だと横山武史騎手、ダートだと浜中俊騎手が注目です。

続いて、道中はゆったり流れて勝負所で加速が生じる脚の速い馬に有利な4～5速で重要とされる他馬を追い抜く力。これは4コーナー順位から着順を引くことで求められるのですが、これをここでは「切れ」と表現しておきましょう。こちらも芝とダートに分けてそれぞれランキング形式で纏めています。

芝で切れ味を引き出すことに関してはルメール騎手がやはり最上位です。これに関しては想像通りと言ったところでしょう。注目は2位の岩田康誠騎手。近年は少し存在感も薄れてきているとはいえ、2021年では不振だったケイデンスコールを京都

騎手別切れ順位

順位	芝		ダート	
	騎手名	平均切れ	騎手名	平均切れ
1	ルメール	2.0	横山典弘	2.3
2	岩田康誠	1.1	川島信二	2.0
3	田辺裕信	0.9	秋山真一	1.5
4	武豊	0.7	田辺裕信	1.0
5	川田将雅	0.7	長岡禎仁	1.0
6	福永祐一	0.6	戸崎圭太	0.8
7	藤岡佑介	0.5	藤岡佑介	0.8
8	横山典弘	0.4	川田将雅	0.8
9	三浦皇成	0.3	丸田恭介	0.8
10	M.デム	0.3	森裕太朗	0.8

金杯で末脚を引き出して勝利に導いたようにまだまだ怖い存在です。川田騎手は粘らせる技術はナンバー1ですが、キレを引き出すという点では5位。粘りの方ではランク入りしていなかった藤岡佑介騎手や横山典弘騎手は末脚を引き出す能力に長けているので、4〜5速の芝戦では注目したいところです。そしてその横山典弘騎手がダートでは1位。こちらはダートでそもそも4〜5速のレースになる事が多くないのでなかなか活かし辛い技術ではありますが、ダートで末脚を引き出すのが巧い騎手という事でぜひ注目してみてください。

6章 馬券に落とし込むための戦略

人気馬がこけるパターンは馬場質と脚質のミスマッチ

2021年5月30日　東京11R　日本ダービー

6章では実際に私が予想したレースを例に、ギアファイブの使い方をレクチャーしていければと思っています。最初は2021年の日本ダービー。本書の帯にも的中馬券を掲載したレースです。※なお、本書で使用しているフォーミュラ新聞は、私が作成したギアファイブ理論などが掲載されたオリジナル馬柱となります。各ギアの成績やギア指数などオリジナルデータが盛りだくさんとなっていますので、よろしければご利用ください。

日本ダービーは5速になりやすいレース。ただ、2021年は逃げ馬が2頭（タイトルホルダーとバスラットレオン）いるのでペースが上がる事も想定されます。とはいえ、多くの馬にとって2400mは初めてですし、特にバスラットレオンはマイラー。そうなるとハイペースになる可能性も低そうで、5速寄りの4速というイメージで良さそうです。

このレースのポイントは上位人気馬の取捨。

1番人気のエフフォーリアは5速の共同通信杯を1着。スピード勝負でも問題ない脚の速い馬という事で人気通り中心視できそうです。ただし2番人気のサトノレイナスの4速はサフラン賞の1着のみ。阪神JF、桜花賞は2着と好走していますが、この2戦は3速で日本ダービーにつながるレースとは言えませんでした。3番人気グレートマジシャンも5速は1勝クラスのセントポーリア賞。適性は高そうですがGIでどうか?…という問題があります。

上位人気3頭の内、信頼できそうなのはエフフォーリアだけという状況。ここで白羽の矢が立ったのが4番人気のシャフリヤールです。エフフォーリアと同じ共同通信杯に出走しており3着に敗れましたが、エフフォーリアが4コーナー3番手から1着としているのに対し、シャフリヤールは4コーナー8番手から3着。つまりシャフリヤールの方が他馬を追い抜いているという事になります。4~5速では追い抜いた数で能力を判断できます。

という事で、日本ダービーで評価すべきはエフフォーリアとシャフリヤールの2頭といえるでしょう。なお、以下が日本ダービー時に提供した予想になります。

本命には皐月賞の勝ち馬エフフォーリア。正直なところ、前走の皐月賞時点ではスピードタイプなのでここを経験してダービーで…という考えを持っていたのですが、終わってみれば0・5秒差の圧勝でした。外を回った馬には不利な流れだったのは事実ですが、ペース自体は厳しい流れでしたからこれを押し切ったのは評価すべきです。トップギアの質に関しては百日草特別や共同通信杯で証明済み。スタミナを補完したスピード馬がダービーでは最も狙いとなります。

そしてもう一頭の軸候補が毎日杯の勝ち馬シャフリヤール。前述の通り今年は皐月賞と毎日杯がポイントとなると考えており、後者は日本レコードを記録したようにハイラップを刻んだ一戦です。この流れを追走し、直線では一瞬前が壁になる不利を受けながらも抜け出して押し切る強い競馬で勝利しました。2、3、5着が差し馬で先行して4着のルペルカーリアが次走京都新聞杯2着、7着に沈んだダディーズビビッドが橘ステークスを強い競馬で勝利しています。トップギアは共同通信杯で外を回って上がり2位で証明。結局、ハイレベルと言われた今年の共同通信杯でも、スローペースを突き抜けたエフフォーリアと外を回って追い込んできたシャフリヤールの2頭が抜けていたという事でしょう。共同通信杯はこの2頭がラスト2ハロン目に自身のラップで10・5秒という最速タイムを記録していました。

今年はハイラップ戦を制したスピード型の2頭が抜けていると評価。ゆえに馬券もこの2頭で勝負します。

2021年5月30日　東京11R　日本ダービー

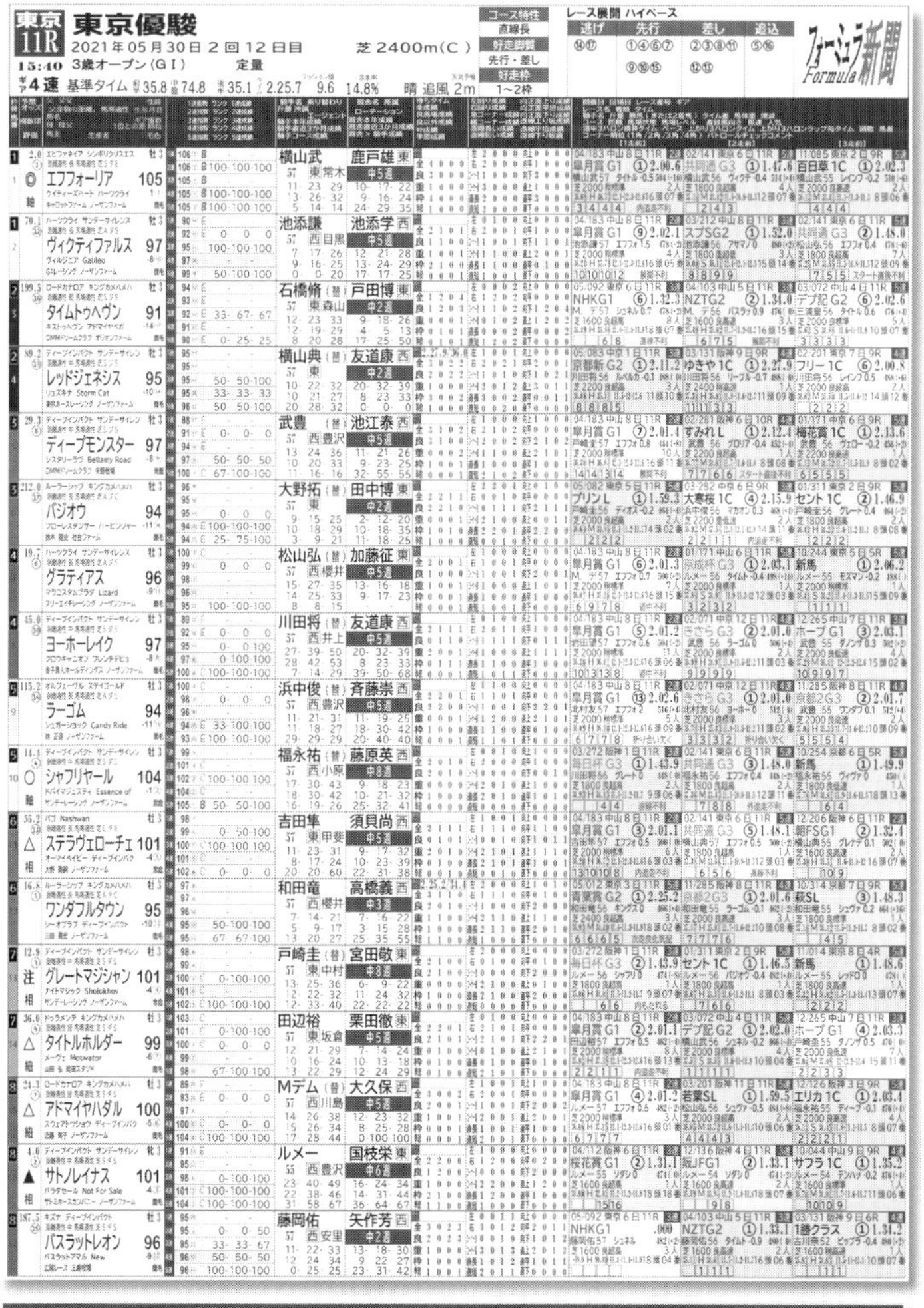
東京 11R 東京優駿
2021年05月30日 2回12日目　芝2400m（C）
15:40 3歳オープン（GⅠ）　定量
4速 基準タイム 35.8 74.8 35.1 2.25.7 9.6 14.8% 晴 追風 2m
コース特性：直線長／好走脚質：先行・差し／好走枠：1〜2枠
レース展開 ハイペース　逃げ ⑭⑰　先行 ①④⑥⑦⑨⑩⑮　差し ②③⑧⑪⑫⑬　追込 ⑤⑯
フォーミュラ新聞 Formula

馬番	印	馬名	指数	騎手	調教師
1	◎	エフフォーリア	105	横山武	鹿戸雄 東
2		ヴィクティファルス	97	池添謙	池添学 西
3		タイムトゥヘヴン	91	石橋脩	戸田博 東
4		レッドジェネシス	95	横山典	友道康 西
5		ディープモンスター	97	武豊	池江泰 西
6		バジオウ	94	大野拓	田中博 東
7		グラティアス	96	松山弘	加藤征 東
8		ヨーホーレイク	97	川田将	友道康 西
9		ラーゴム	94	浜中俊	斉藤崇 西
10	○	シャフリヤール	104	福永祐	藤原英 西
11	△	ステラヴェローチェ	101	吉田隼	須貝尚 西
12		ワンダフルタウン	95	和田竜	高橋義 西
13	注	グレートマジシャン	101	戸崎圭	宮田敬 東
14	△	タイトルホルダー	99	田辺裕	栗田徹 東
15	△	アドマイヤハダル	100	Mデム	大久保 西
16	▲	サトノレイナス	101	ルメー	国枝栄 東
17		バスラットレオン	96	藤岡佑	矢作芳 西

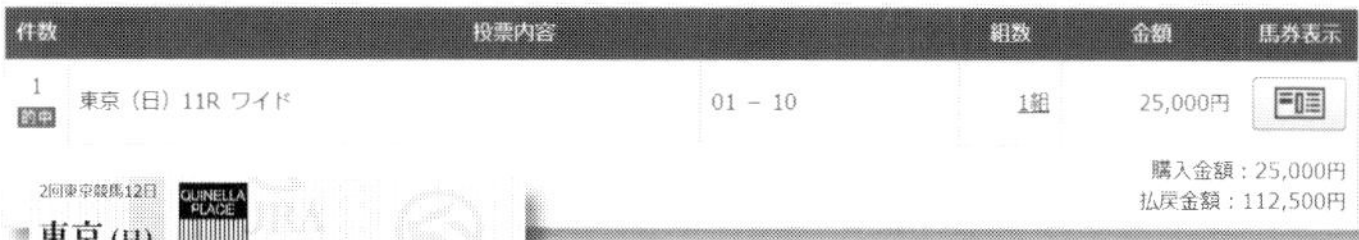

件数	投票内容		組数	金額	馬券表示
1 的中	東京（日）11R ワイド	01 - 10	1組	25,000円	

購入金額：25,000円
払戻金額：112,500円

結果は共同通信杯でエフフォーリアを上回るスピードを見せたシャフリヤールが4番人気を覆す勝利。そのエフフォーリアもハナ差と共同通信杯組の強さが際立った日本ダービーでした。ちなみに、3着ステラヴェローチェも共同通信杯で5着。6番手から5着と追い抜いた数は1頭だけでしたが、同馬はパトロールチェックを確認すると直線で不利がありました。ラスト1ハロンでまた伸びており、まともなら3着争いはできたパフォーマンスでした。直線不利分も考えれば共同通信杯で強い競馬をした1頭だったと言えるでしょう。2番人気サトノレイナス、3番人気グレートマジシャンが4~5速の経験が乏しかったことで、ワイドでも4・5倍と十分すぎる配当になりました。

なお、私は馬券で勝負するときは買いたい馬以外は買いたくないという考え方です。つまりこのレースではエフフォーリアとシャフリヤールの2頭を買いたかったので、この2頭しか買いたくないというわけです。2頭を軸に3連系という馬券の買い方もありですが、その場合もし2頭が来ても相手が抜けて外れるというのが悔しくて仕方ないからです。そして、なるべく不確定要素を省きたいため今回のように2頭で勝負する場合は馬連ではなくワイドを使います。というのも、競馬では予測できないレース中の不利などが発生するので、わずかな差で着順を落とす可能性があるからです。そのため、的中にゆとり（複勝やワイドなら3着内に入れば的中できる）のある券種で購入します。ただ、これは勝負の時の場合で、当てに行くよりも少額で妙味を取りに行く場合は3連系を使って嵌るのを待つ、という買い方をする場合もあります。

複勝やワイドで勝負をするというのが難しい場合でも、軸が決まれば券種はいくらでも応用ができます。今回の場合ならエフフォーリアとシャフリヤールの2頭から3連複で流すなどいくらでも買い目は作れるでしょう。実際、ステラヴェローチェは評価出来た馬ですし、3連系などを購入したい方は軸の決め方として参考にしていただけると幸いです。

馬場質と脚質が合えば大きな間違いは起きない

2021年6月27日　阪神11R　宝塚記念

宝塚記念は例年の傾向が3速で、出走メンバーの中で逃げ馬は前走と3走前に逃げているレイパパレ1頭と予想しました。逃げ馬1頭ならミドルペースで、その他クッション値や風速を見ても馬場質を上げ下げする必要はなさそうでした。例年の傾向通り3速で問題なさそうです。

1番人気はクロノジェネシス。3速では2019年秋華賞、2020年京都記念、同年宝塚記念、同年有馬記念とGIを3勝含む4連勝中と抜けた存在です。その間、5速の2019年エリザベス女王杯や2020年大阪杯、同年天皇賞（秋）などを取りこぼしていることから、スタミナ勝負に強い馬だという事がわかるでしょう。そして2番人気は前走大阪杯で衝撃のレースを見せたレイパパレでした。その大阪杯は馬場が悪く上がりの掛かった3速。宝塚記念につながるレースと言えるでしょう。

3章で示したように、スピードもスタミナも必要な3速は着順の良い馬を評価するレース。GIで1着、しかも圧勝しているという戦歴なら疑う必要はありません。私がレース時に提供した予想は以下になります。

展開予想はミドルペースなので極端な有利不利はない見込み。その上で、今年の宝塚記念は適性の高い馬と低い馬が明白です。また、実力馬に適性の高い馬が集まっているので素直に上位馬を評価するのが良さそうです。

本命馬のクロノジェネシスは昨年の宝塚記念の勝ち馬で有馬記念も勝利。また、3歳時には秋華賞も制していますが、これらのレースはすべて上がりが掛かるレースです。1番人気が予想されますが、今年に関しては奇しくも四駆タイプがしっかりと評価される年になりそうです。ゴールドシップ以来の勝利も期待できるでしょう。ただ、今年はドバイ遠征以来の実戦。1986年から延べ30頭が挑み、一度たりとも勝利できていない3か月以上の間隔をあけて出走というローテーションになるのは気になるところです。軸としては信頼できそうですが、人気が集中しそうなので単勝系の馬券は少し怖いところ。

逆転候補は対抗のレイパパレ。前走で制した大阪杯は同じ阪神競馬場の内回り戦。しかし、開催前半に行われる事とスタート地点の違いによって前半がゆっくりと流れることから芝G1でも上がりの速いほうのレースになります。そのため、昨年のラッキーライラックなど勝ち馬は宝塚記念で苦戦する傾向がありますが、今年は重馬場で行われたことでレースの上がりが36・8秒も掛かりました。3速指数でもクロノジェネシスと並んでいるように実力伯仲と見ていいでしょう。逆転が期待できる一頭です。

今年は昨年の勝ち馬クロノジェネシス、上がり掛かった大阪杯の勝ち馬レイパパレの2頭が指数も抜けています。ここは2頭の軸候補と4頭の紐候補という予想で組み立てるのがベストでしょう。絞って勝負すべき場面。

実力馬の馬場質と脚質がギアファイブに合致していればそうそう間違いは起こりません。実際のレースでは逃げ馬想定のレイパパレが譲ったことでスローペースになり、想定していた3速ではなく4速になりました。その分でスピードにやや劣るレイパパレが持ち味を活かし切れず3着までとなり、スピードに秀でたユニコーンライオンが2着に粘った形に。スタミナタイプは脚が遅いのでスローになると追い抜くことは難しくなります。レイパパレにとっては控えたことで差し切れませんでしたが、そのほかの有力馬もスタミナタイプの方が多かったので追い抜くことができず、ほぼ4コーナーの順番通りに決着しました。このレースを4番手から圧勝したクロノジェネシスだけがスピードもスタミナも高い次元で有していたという事がわかります。

ちなみにこれは余談ですが、次走は凱旋門賞が有力との事。凱旋門賞はヨーロッパの芝らしく重くタフなレースという事もあり、スピード型（マカヒキなど）では体力が足りず苦戦する傾向にあります。しかし、一方で重馬場向きと言われて期待を集めるスタミナ型（ゴールドシップなど）も直線の加速に対応できずに苦戦しています。結局、過去に好走していた馬を見てもエルコンドルパサーやディープインパクトのようにスピードもスタミナもある現役最強格しか通用していないことがわかります。こうなるとナカヤマフェスタの話が出ますが、当時現役最強格だったブエナビスタを宝塚記念で完封しており、瞬間最大風速では当時の現役最強格と

2021年6月27日　阪神11R　宝塚記念

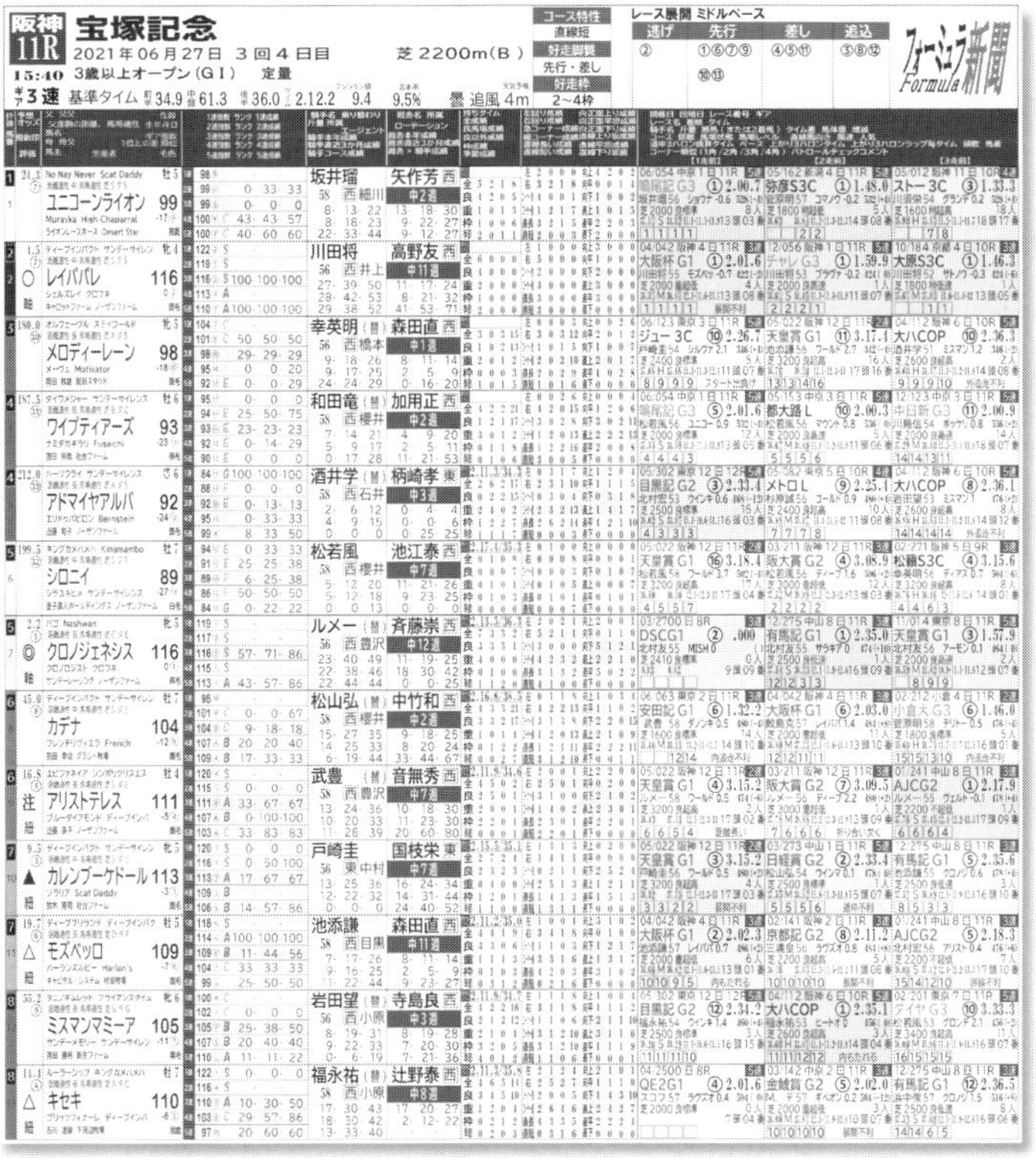

件数	投票内容		組数	金額	馬券表示
1 的中	阪神（日）11R ワイド	02 － 07	1組	50,000円	

購入金額：50,000円
払戻金額：100,000円

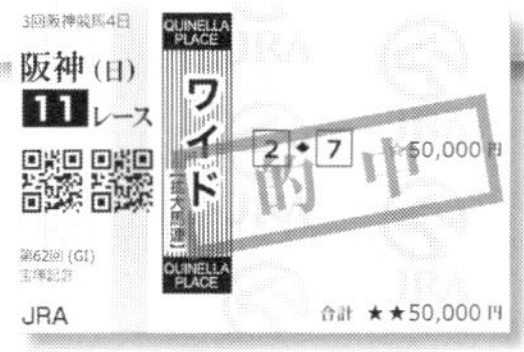

言える存在でした。クロノジェネシスはここまで書いたようにスピードもスタミナも備えたまさに現役最強格と言える存在なので、過去のこれらの馬のように好走する可能性は高いのではないかと予想します。凱旋門賞は本書が執筆された後に開催。答え合わせが楽しみです。

不当な評価を受けている馬の最大のチャンスを逃すな！

2021年4月18日　中山11R　皐月賞

今回のレースと異なるギアでの敗戦は気にする必要はありません。むしろその一戦で人気を落とすなら妙味大と言えるでしょう。そんな例が2021年の皐月賞でありました。

まず、皐月賞のギアは3速。中山競馬場の内回りで行われ、中盤は下り坂、直線は上り坂というコースレイアウトに加えて、クラシック初戦という事で後のマイラーも出走することで全体的にペースが速くなりやすい傾向にあります。そのため勝負所でギアは上がらず、一貫した流れで競馬が進むレースとなります。しかし、クラシック路線は少頭数のレースが多かったり直線の長いコースの競馬場が多かったりで、4~5速の設定のレースが多い傾向があります。そのため、前哨戦で皐月賞につながるレースが意外と多くありません。このギャップが馬券的には妙味を生みます。

そして、前後半の差があまりない3速の適性が問われやすい条件になりやすいレースがあります。それは、2000mより短い距離、特にマイル戦。過去5年の勝ち馬の内、2017年アルアイン、2018年エポカドーロ、2019年サートゥルナーリアの3頭がマイル戦で勝利という実績を持っており、2016年ディーマジェスティと2020年コントレイルは1800mで道中からハイペースを刻んだレースで勝利経験がありました。これは馬場状態が違っても変わりありません。逆に人気で敗れた2017年ファンディーナやスワーヴリチャード、カデナや2020年サトノフラッグは中距離で実績を残した馬たちでした。皐月賞は「最も速い馬が勝つ」と言われますが、マイル戦に適性のある馬に向く条件であるという事を示していたというわけです。

そこで注目したのはステラヴェローチェでした。3速戦はサウジアラビアロイヤルカップで0・5秒差の完勝。また、2速の朝日杯FSでも2着に好走しています。加速力の必要のない皐月賞では、4~5速の実績よりも何なら2速の適性の方が大事。前走の共同通信杯は5速となり、皐月賞には全くつながらないレースでした。ここでの敗戦は気にする必要はありません し、直線で不利も受けていたのでなおさら。共同通信杯を1番人気で敗れたことで皐月賞では

2021年4月18日　中山11R　皐月賞

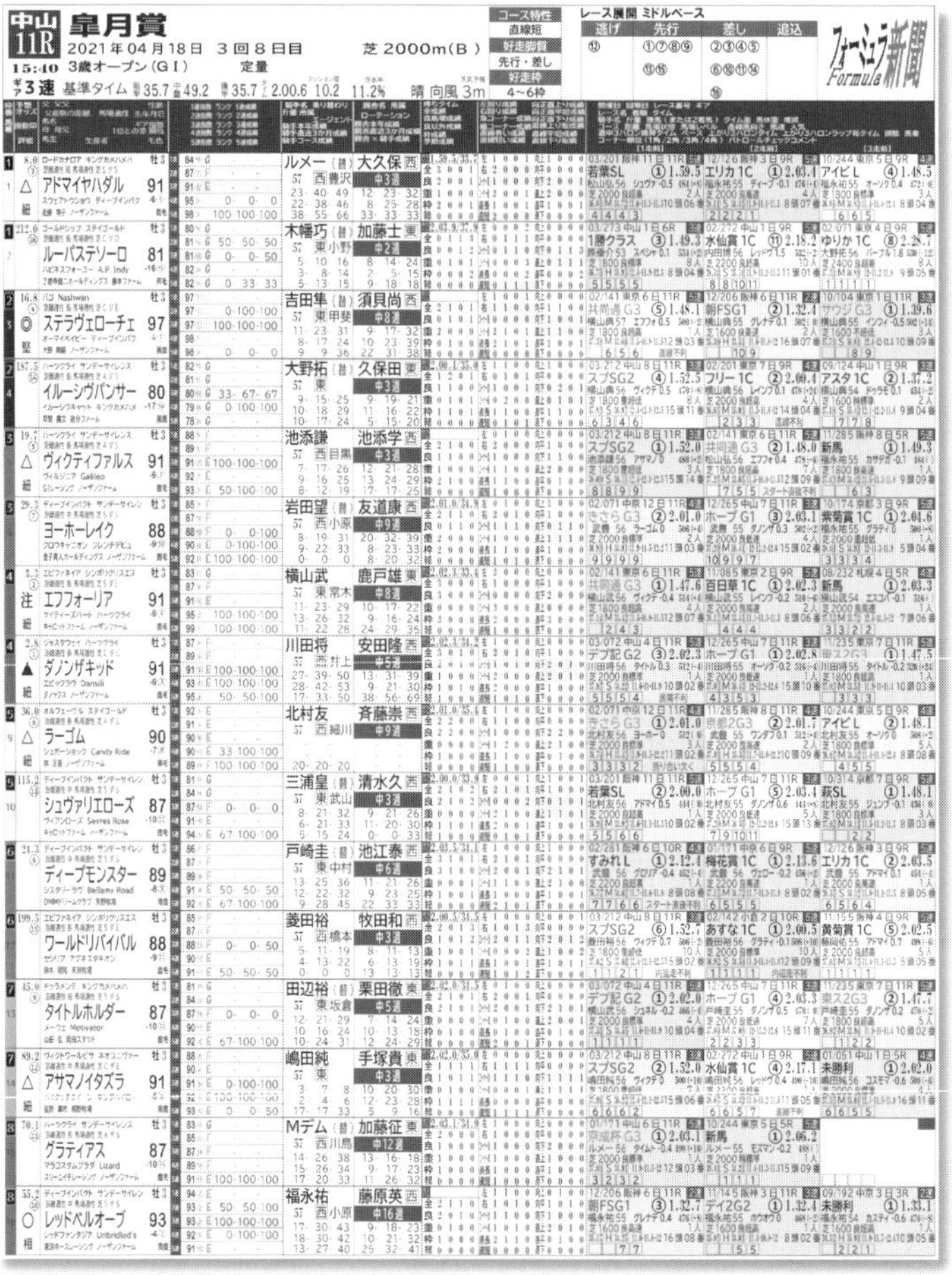

中山 11R 皐月賞
2021年04月18日　3回8日目　芝2000m(B)
15:40　3歳オープン(GI)　定量
ギア3速　基準タイム 35.7 49.2 35.7 2.00.6 10.2 11.2%　晴 向風 3m

コース特性：直線短／好走脚質：先行・差し／好走枠：4～6枠

レース展開 ミドルペース

逃げ	先行	差し	追込
⑫	①⑦⑧⑨⑪⑮	②③④⑤⑥⑩⑪⑭⑯	

フォーミュラ新聞 Formula

枠	単勝オッズ	印	馬番	馬名	指数	騎手	調教師
1	8.0	△	1	アドマイヤハダル	91	ルメール	大久保
1	212.0		2	ルーパステソーロ	81	木幡巧	加藤士
2	16.8	◎	3	ステラヴェローチェ	97	吉田隼	須貝尚
2	187.5		4	イルーシヴパンサー	80	大野拓	久保田
3	19.7	△	5	ヴィクティファルス	91	池添謙	池添学
3	29.3		6	ヨーホーレイク	88	岩田望	友道康
4	3.3	注	7	エフフォーリア	91	横山武	鹿戸雄
4	2.8	▲	8	ダノンザキッド	91	川田将	安田隆
5	36.0	△	9	ラーゴム	90	北村友	斉藤崇
5	115.2		10	シュヴァリエローズ	87	三浦皇	清水久
6	24.3		11	ディープモンスター	89	戸崎圭	池江泰
6	199.3		12	ワールドリバイバル	88	菱田裕	牧田和
7	45.0		13	タイトルホルダー	87	田辺裕	栗田徹
7	89.2	△	14	アサマノイタズラ	91	嶋田純	手塚貴
8	70.1		15	グラティアス	87	Mデム	加藤征
8	55.2	○	16	レッドベルオーブ	93	福永祐	藤原英

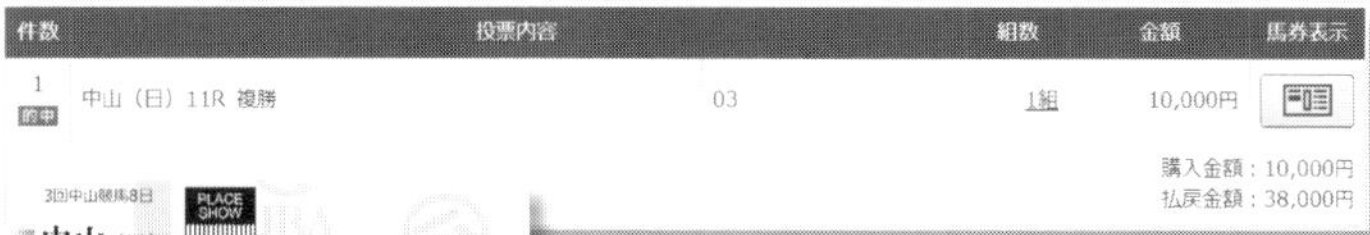

件数	投票内容		組数	金額	馬券表示
1 的中	中山（日）11R 複勝	03	1組	10,000円	

購入金額：10,000円
払戻金額：38,000円

6番人気に甘んじましたが、少なくともギアファイブを理解していれば前走の敗戦は気にしなくてもいいと判断できたでしょう。明らかに不当な評価で、こうしたパターンの巻き返しは人気薄を狙う上では最大のチャンスとなります。

今回と同じギアなら直近のレースの方を重視

2021年5月2日　阪神11R　天皇賞（春）

2021年の天皇賞（春）は京都競馬場から阪神競馬場の内回りに変更。直線の長さが403・7mから356・5mに短くなる事に加え、平坦コースから直線2mの上り坂コースへと変わるのも大きな違いです。参考に同じ阪神競馬場の内回りで行われる長距離戦の阪神大賞典と京都競馬場で行われた天皇賞（春）の平均上がりタイムは下記の通り。

天皇賞（春）　35・4秒
阪神大賞典　36・4秒
（2016〜2020年）

1秒も阪神大賞典の方が掛かっていることがわかります。阪神大賞典を参考にすると、今年の天皇賞（春）は例年以上に上がりが掛かるレースになると予想されました。そのため、今年の天皇賞（春）は例年の4速から3速になると予想しました。

注目はやはり同じ長距離戦の3速戦となる阪神大賞典でしょう。このレースを勝利したのはディープボンド。5馬身差の圧勝でGⅡでも格上であることを示しました。一方、このレースを1番人気に支持されて敗れたのがアリストテレスでした。2走前に3速のアメリカジョッキークラブカップを勝利しているものの辛勝で、折り合いを欠いて力を出せなかったとはいえこれは看過できません。同じギアのレースなら単純に能力差で着順が決まります。ましてや3速は着順が最大の評価ポイントなので、直近のレースの結果を素直に信頼すべき。菊花賞は5速だったので脚の速さではアリストテレスの方が上でしたが、3速に替われば逆転されていると考えていいでしょう。

私の予想としてはこの2頭よりもさらに上の評価としてカレンブーケドールとワールドプレミアに注目。ともに前走の日経賞はスローペースの5速でスタミナを活かし切れずに敗れただけ。これを度外視して、2走前には3速の有馬記念で5着（同着）に好走している点からもパフォーマンスが上がるのは明白でした。これも今回と同じギアなら直近のレースを評価に当てはまりますね。ちなみに、以下が予想時に提供したものになります。

本命はカレンブーケドールです。一般的に人気馬はスピード型が多く、スタミナ型は善戦マンが多い傾向にあります。それは主要レースの多くがスピード型に有利な競馬場で行われているためで、スピードに乏しいスタミナ型の適性が活かせない状況になる事が影響しています。前走の日経賞や昨年のスローペースになったオールカマーなど、スローペースになったレースでは取りこぼしています。それでも好走できるのは資質の幅がある証拠で評価できるのですが、やはり好パフォーマンスを記録しているのは重馬場で道中の3ハロン換算タイムが36・2秒となった3歳時のジャパンカップや35・1秒を記録した翌年のジャパンカップなどペースが速くなり上がりが掛かる展開。着順的には近走も4～5着だったりしますが、上位入線馬は超GⅠ級が相手でした。上がり掛かる持続適性が問われると予想される今年の天皇賞（春）で、かつ今回はこれまで敗れてきたGⅠ級の馬がいない状況というのは絶好の条件でしょう。

天皇賞（春）を勝利した牝馬は1953年のレダまで遡る必要がありますが、そもそも有力馬の参戦自体が少なかったのも事実。時代は移り、今は牝馬の時代。これまでの常識で測るのはナンセンスです。相手も3番手と差があるワールドプレミア。混戦の様相を呈している今年の天皇賞（春）ですが、2頭が抜けている絞れるレースです。

2021年5月2日　阪神11R　天皇賞（春）

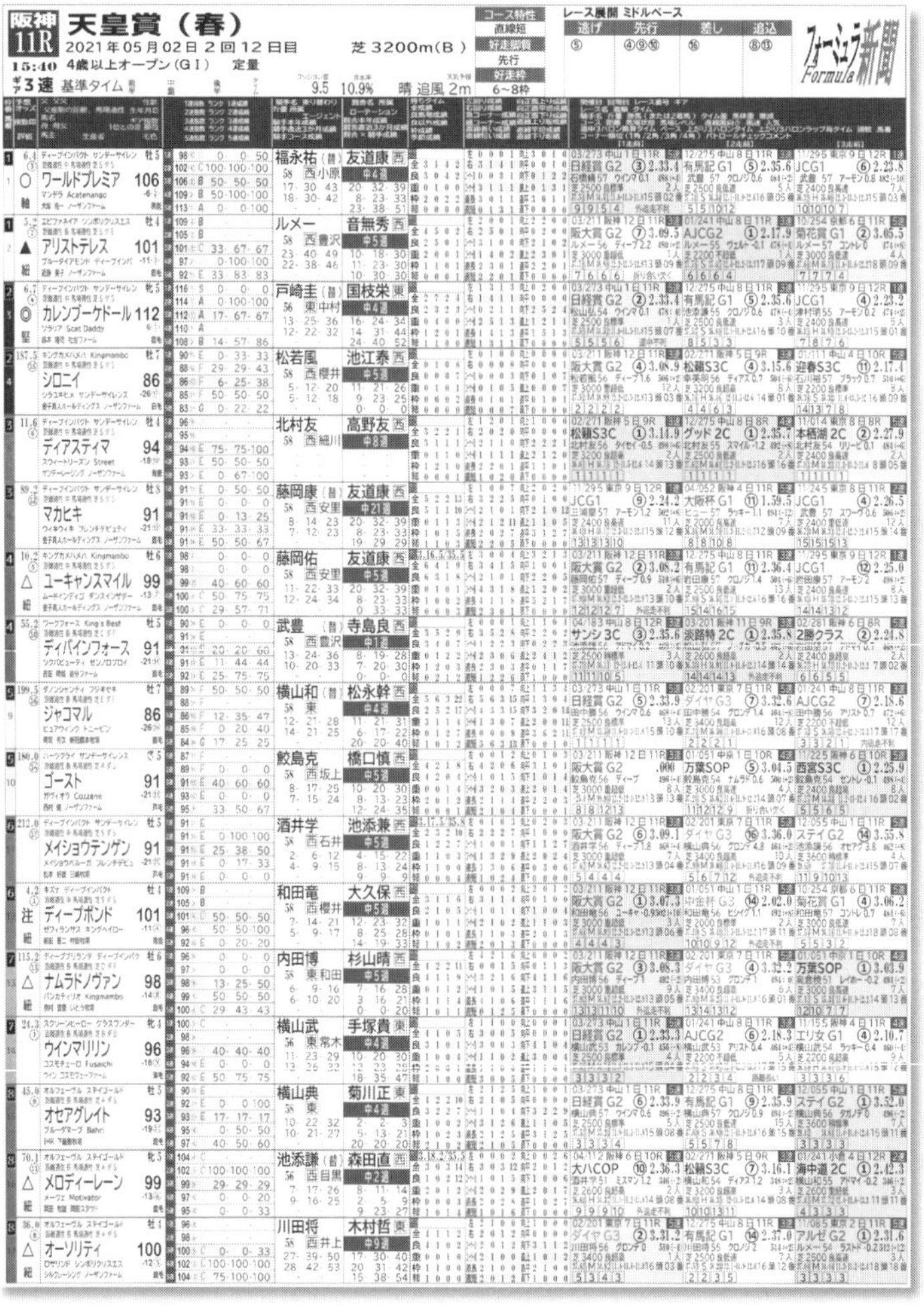

件数	投票内容		組数	金額	馬券表示
1 的中	阪神（日）11R 複勝	03	1組	20,000円	
2 的中	阪神（日）11R ワイド	01 － 03	1組	5,000円	

購入金額：25,000円
払戻金額：65,000円

２０２２年も天皇賞（春）は阪神競馬場で開催。また、本書の発売後に行われる菊花賞も阪神競馬場で行われます。どちらも例年の4速から3速をベースに予想。よりスタミナ志向のレースとなるでしょう。特に菊花賞は出走があれば日本ダービー組が人気を集めると思いますが、それよりも皐月賞組に注目したいところです。

ギア＋特性を生かせばさらに信頼度は増す

２０２１年７月25日　新潟11Ｒ　アイビスサマーダッシュ

基本的にはギアファイブこそが適性を表すものだと考えていますが、レースを見ていると個別の特性を見つけることが可能です。地道にコツコツと見ていかないといけませんが、一度見つけると使い続けることができるのでメリットも大きいです。

アイビスサマーダッシュで狙ったのはライオンボスでした。同馬に関してはわかりやすい直千巧者ではあるのですが、そんな同馬が前走の韋駄天ステークスでまさかの敗戦を喫しました。今年で6歳を迎え、衰えてしまったのか？　そのような憶測も飛び交うレース前だったと記憶しています。

しかし、同馬のギアと特性を理解していれば全く問題ないことがわかります。とにかくスピード能力に長けたタイプで本来なら長めの距離でもと思えるようなタイプなのですが、540キロ台の大型馬で筋肉量が多すぎるので燃費が悪く短距離に。そのため、短距離戦でも減速しないレースが得意な馬なのですが、前走の韋駄天ステークスは稍重馬場で行われ、そしてこの開催の新潟競馬場がとにかく荒れた馬場状態でした。実際、韋駄天ステークスもあわや2速になるくらいのギリギリ3速のレース。同馬にとっては苦手なギアに近いレースだったのです。それに加えてペースも速く、さらに外ラチに進路を取れず荒れた馬場を走らされる不利もあり、全く力を発揮できませんでした。

そんな前走から一転、今開催の新潟競馬場はレコード決着が何度も記録された奇麗な馬場。荒れ馬場が苦手なライオンボスにとってはまさに一変する状況と言えるでしょう。それに加え、逃げ馬もいないメンバー構成でペースも遅くなる可能性が高く、同馬のスピードをさらに活かせる脚の速い馬に有利な状況が揃っていました。以下はアイビスサマーダッシュ時に提供した予想になります。

このレース、能力的に上位と目される馬の多くが内枠に。逆に能力劣る馬が外枠に入りかなり難解な一戦となりました。相手を絞るのは難しそうです。それならば、実力上位馬の中で唯一外目の枠に入ったライオンボス。堅軸でもあり、同馬を狙うのがベストでしょう。時計勝負に強いタイプで、土曜日の競馬を見ている限りスピード必要な馬場。前走は条件が揃わず、一転して今回はそれらが解消されるのは心強いです。前走の大敗もあり人気もそこまで集めなさそうですし、馬券的な妙味も十分でしょう。

得意なギアに加え、各馬が力を発揮できる特性の2つが合わされば信頼度はより高まります。なお、特性に関しては私が作成しているフォーミュラ新聞では以下のような集計項目を掲載して得意な条件がわかるようにしています。

・馬場状態（良馬場か良馬場以外か）
・枠順（内枠、中枠、外枠別に集計）
・季節（春、夏、秋、冬に分けて集計）
・回り（左回り、右回りに分けて集計）
・コーナー（コーナーが急か緩いかに分けて集計）
・直線（直線が長いか短いかに分けて集計）
・向正面起伏（向正面が上り坂、平坦、下り坂に分けて集計）

2021年7月25日　新潟11R　アイビスサマーダッシュ

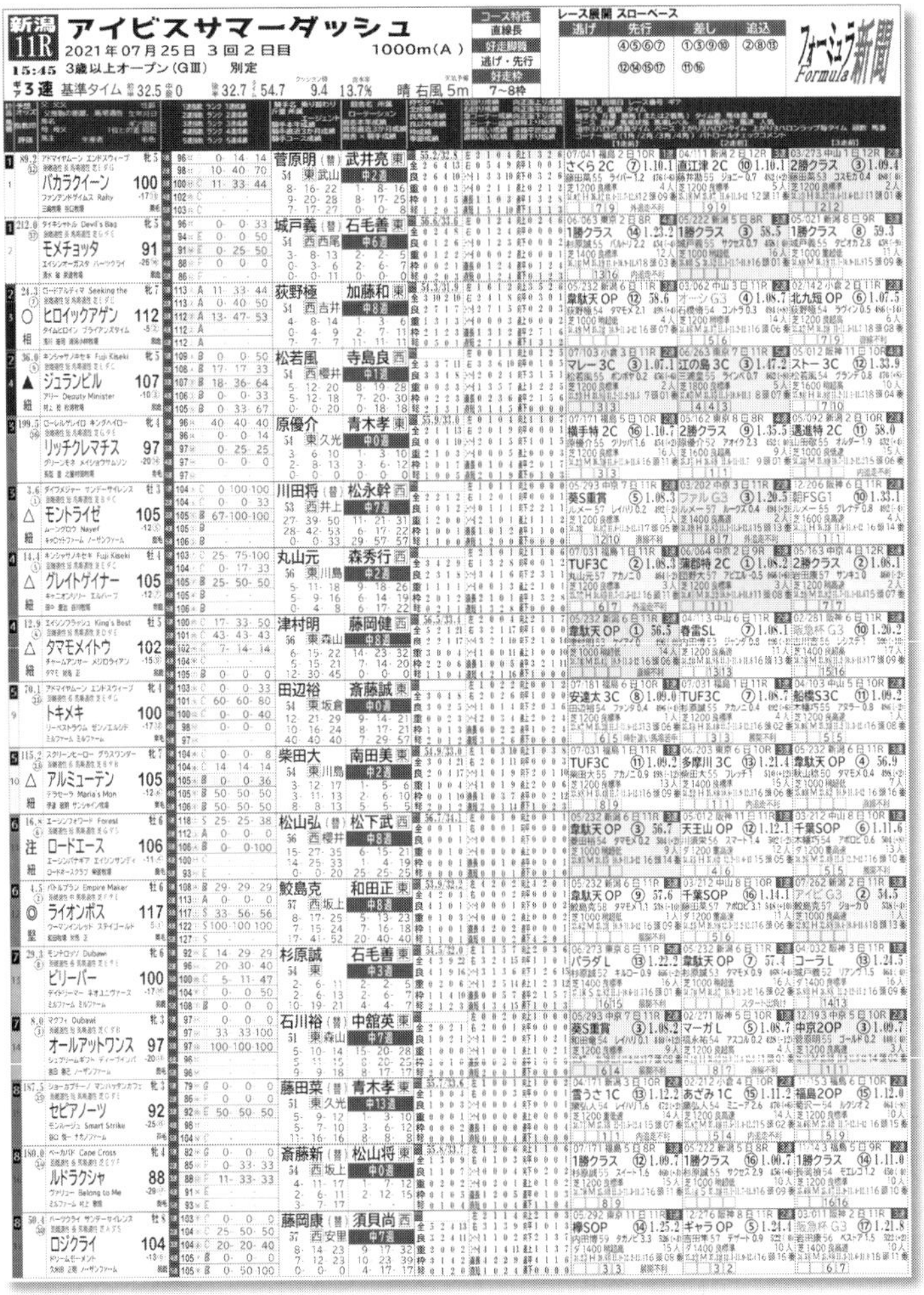

新潟11R　アイビスサマーダッシュ
2021年07月25日　3回2日目　1000m（A）
15:45　3歳以上オープン（GⅢ）　別定
基準タイム 32.5　晴 右風 5m　7～8枠

レース展開 スローペース
逃げ　先行 ④⑤⑥⑦ ⑫⑭⑮⑰　差し ①⑤⑨⑩ ⑪⑯　追込 ②⑧⑬

フォーミュラ新聞

馬番	印	馬名	指数	騎手	調教師
1		バカラクイーン	100	菅原明	武井亮
2		モメチョッタ	91	城戸義	石毛善
3	○	ヒロイックアゲン	112	荻野極	加藤和
4	▲	ジュランビル	107	松若風	寺島良
5		リッチクレマチス	97	原優介	青木孝
6	△	モントライゼ	105	川田将	松永幹
7	△	グレイトゲイナー	105	丸山元	森秀行
8	△	タマモメイトウ	102	津村明	藤岡健
9		トキメキ	100	田辺裕	斎藤誠
10	△	アルミューテン	105	柴田大	南田美
11	注	ロードエース	106	松山弘	松下武
12	◎	ライオンボス	117	鮫島克	和田正
13		ビリーバー	100	杉原誠	石毛善
14		オールアットワンス	97	石川裕	中舘英
15		セピアノーツ	92	藤田菜	青木孝
16		ルドラクシャ	88	斎藤新	松山将
17		ロジクライ	104	藤岡康	須貝尚

件数	投票内容		組数	金額	馬券表示
1 的中	新潟（日）11R 複勝	12	1組	50,000円	

購入金額：50,000円
払戻金額：100,000円

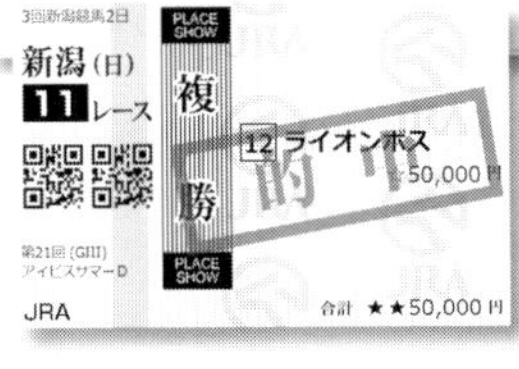

・直線起伏（直線が上り坂、平坦、下り坂に分けて集計）

夏馬が得意なタイプか冬場が得意なタイプか、内枠で揉まれるとダメなタイプか、直線に坂がある競馬場が得意か、などから各馬の特性を予想してみてください。また、レース内容のコメントも掲載していますので、そちらからも判断できます。もしよければ活用してみてください。

ギアがマッチするだけで高配当獲得は十分可能

2021年7月11日　福島11R　七夕賞

私の馬券の買い方だと人気馬が中心になることが多く、いわゆる万馬券の的中をあまり紹介できないので、的中馬券はありませんが取り上げたいレースとして2021年の七夕賞を紹介したいと思います。

七夕賞はすでに紹介していますが、芝レースとしては異質の1速戦。時期的に良馬場以外で行われることも多く、またローカルハンデ戦という事でハイペースになりやすい傾向があります。本年も逃げ馬が揃っており、クッション値も前日7％台とやや緩いコンディション。勝負所で大きく減速するレースになる条件は揃っています。

まず、本命馬に評価したのはトーラスジェミニです。1速では3走前の東風ステークスで勝利しており、この時が4コーナー1番手からそのまま押し切り勝利しています。1～2速では粘る力が重要。逃げて1着は減速する1～2速では最大の評価になります。また、芝で1速となると限られるので2速に目を向けると、２０２０年のエプソムカップで逃げて3着に粘る競馬をしていました。スタミナ問われるレースで強い競馬を見せており、脚の遅さが活きるこのレースに最も合う馬だと言えます。

そして、対抗に評価していたのがロザムールでした。同馬は2走前の中山牝馬ステークスが1速で、このレースを逃げて2着に粘っています。1着と4～6着が4コーナーで10番手以下という決着になったこのレースは1速らしい前で粘った馬が強い競馬。この流れでバテずに粘りこんだのは相当なスタミナを有している証拠で、こちらも脚の遅い馬が好走できるレースなら期待できます。

ハンデ戦という事もあり、かなり混戦と踏んで馬券を購入するのを控えたのですが、結果は

2021年7月11日　福島11R　七夕賞

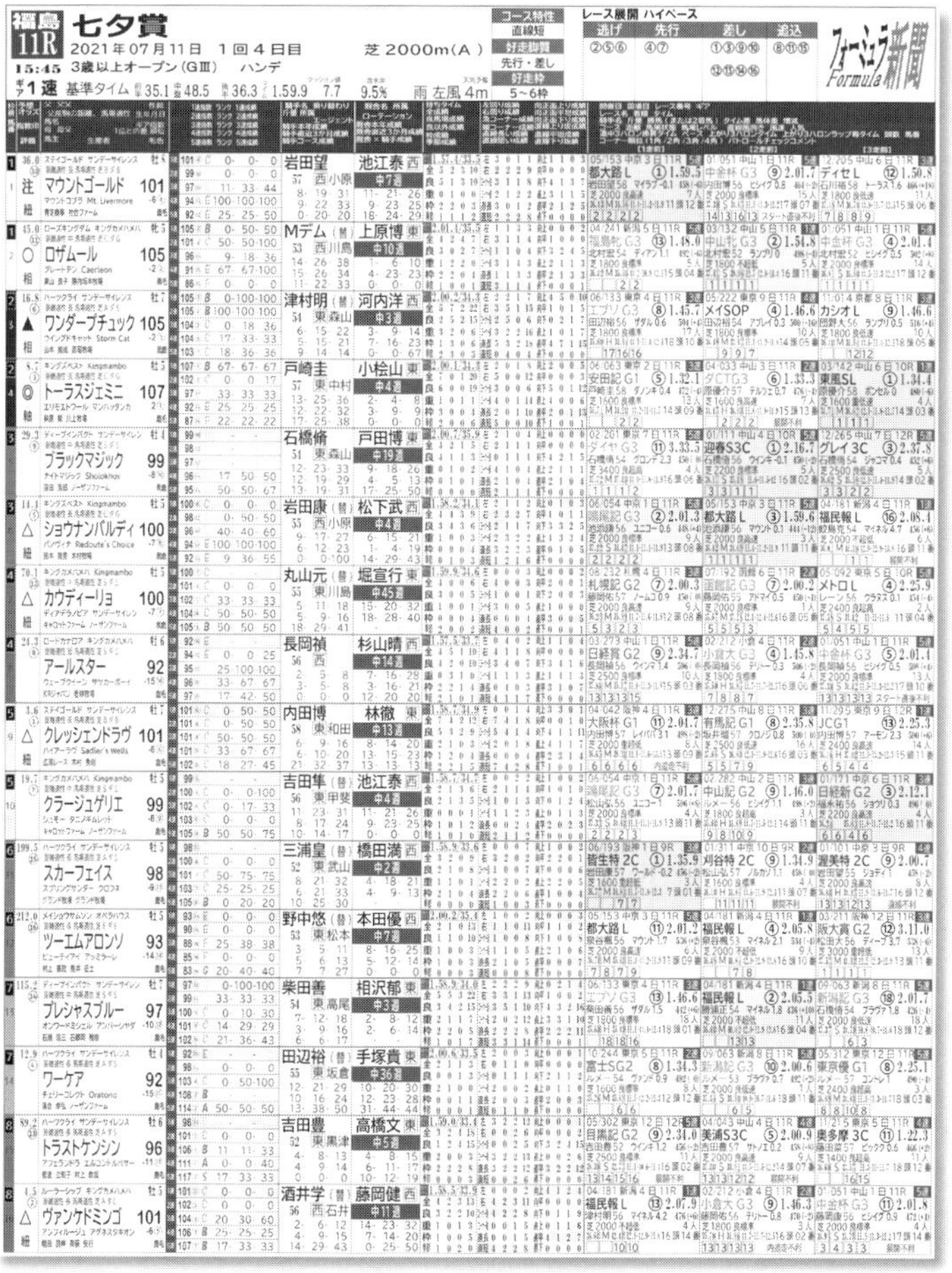
福島 11R 七夕賞
2021年07月11日　1回4日目　芝2000m(A)
15:45 3歳以上オープン(GⅢ)　ハンデ
ギア 1速　基準タイム 35.1 48.5 36.3 1.59.9 7.7 9.5%　雨 左風4m
コース特性 直線短　好走脚質 先行・差し　好走枠 5～6枠
レース展開 ハイペース　逃げ ②⑤⑥　先行 ④⑦　差し ①③⑨⑩⑫⑬⑭⑯　追込 ⑧⑪⑮
フォーミュラ新聞 Formula

枠	馬番	オッズ	印	父 / 母父	性齢	馬名	指数	騎手	斤量	調教師
1	1	36.0	注	ステイゴールド / サンデーサイレンス	牡8	マウントゴールド	101	岩田望	57	池江泰(西)
1	2	45.0	○	ローズキングダム / キングカメハメハ	牝5	ロザムール	105	Mデム(替)	53	上原博(東)
2	3	16.8	▲	ハーツクライ / サンデーサイレンス	牡7	ワンダープチュック	105	津村明(替)	54	河内洋(西)
2	4	8.7	◎	キングズベスト / Kingmambo	牡5	トーラスジェミニ	107	戸崎圭	57	小桧山(東)
3	5	29.3		ディープインパクト / サンデーサイレンス	牡4	ブラックマジック	99	石橋脩	54	戸田博(東)
3	6	14.4	△	キングズベスト / Kingmambo	牡5	ショウナンバルディ	100	岩田康(替)	55	松下武(西)
4	7	70.1	△	キングカメハメハ / Kingmambo	牡5	カウディーリョ	100	丸山元(替)	55	堀宣行(東)
4	8	24.3		ロードカナロア / キングカメハメハ	牡6	アールスター	92	長岡禎	56	杉山晴(西)
5	9	3.6	△	ステイゴールド / サンデーサイレンス	牡7	クレッシェンドラヴ	101	内田博	58	林徹(東)
5	10	19.7		キングカメハメハ / Kingmambo	牡5	クラージュゲリエ	99	吉田隼(替)	56	池江泰(西)
6	11	199.5		ハーツクライ / サンデーサイレンス	牡5	スカーフェイス	98	三浦皇(替)	52	橋田満(西)
6	12	212.0		メイショウサムソン / オペラハウス	牡5	ツーエムアロンソ	93	野中悠(替)	53	本田優(西)
7	13	115.2		ディープインパクト / サンデーサイレンス	牡7	プレシャスブルー	97	柴田善	54	相沢郁(東)
7	14	12.9		ハーツクライ / サンデーサイレンス	牡4	ワーケア	92	田辺裕(替)	55	手塚貴(東)
8	15	89.2		ハーツクライ / サンデーサイレンス	牡6	トラストケンシン	96	吉田豊	52	高橋文(東)
8	16	4.5	△	ルーラーシップ / キングカメハメハ	牡5	ヴァンケドミンゴ	101	酒井学(替)	56	藤岡健(西)

本命馬と対抗馬が1着と2着に激走。特に後者は7番人気の激走で波乱を演出しました。3着ショウナンバルディも2速で好走があるなどスタミナ戦での好走歴もあり押さえの評価。ギアファイブがマッチしているだけで3連複万馬券が的中できるレースでした。

1頭の馬の得意なギアがわかれば競馬は勝てる

2021年1月10日　中京11R　シンザン記念
2021年4月10日　中山11R　ニュージーランドトロフィー

競走馬1頭について理解が深まれば競馬で勝てる確率は高まると考えています。なぜなら、その1頭の買い時がわかっていればその時だけ買えばいいわけです。競馬は主催者から全レースを購入する必要があると言われているわけではありません。自分で買いたいレース、買いたい馬を選べるわけですから、ちゃんとわかっているレースを買う事が出来れば的中する確率は高まるでしょう。その延長線で1頭の馬が2頭に、2頭の馬が3頭に…という具合に増やしていけばいいのです。とはいえ、いきなり何頭も理解するのは難しいですから、まずは自分が好きな馬1頭を選んでギアファイブで得意な脚質を調べてみてください。それだけでも収支は上向くはずです。

私もこの春、同じ馬を何回か購入したケースがありましたが、その内の1頭としてバスラットレオンを紹介しておきましょう。

この馬を最初に評価したのは2020年の朝日杯FSでした。デビュー戦こそ5速で勝利していますが、特に評価したのは2戦目の札幌2歳ステークスです。後の桜花賞馬ソダシ、オークス馬ユーバーレーベンが1、2着に入り、出世レースとなりましたが、このレースで3着に好走したのがバスラットレオンでした。このレースのギアは2速。1~2速では4コーナーからバテずに粘った馬をより評価するべきで、2番手から3着に粘った同馬は上位2頭に次ぐ評価をして問題ない内容でした。

その後に挑んだラジオNIKKEI杯京都2歳ステークスは6着に敗れていますが4速。これにより新馬戦は5速で勝利したものの、加速力勝負の適性はそこまで高くなさそうに感じます。

そして最初に本命した朝日杯FSに戻るのですが、結果は4着。しかし、2速となったハイペースの一戦を4番手から4着。2番手から勝利したグレナディアガーズにこそ劣りますが、

4番手から4着に粘った内容は2着ステラヴェローチェ（9番手2着）、3着レッドベルオーブ（7番手3着）よりも上。負けて強しと言える内容でした。

4速で取りこぼして2速で中身の濃い3着と4着。この時点でスピードよりもスタミナ寄りの能力が高いと感じられました。

そこで狙ったのは次走のシンザン記念。例年3速になるこのレースですが、今年は中京競馬場で開催。ただ、世代限定戦は特に毎年同じようなメンバーが集まるという事で例年の傾向通りに予想しても問題ない条件。京都競馬場と中京競馬場なら直線の長さもそこまで変わりませんし、適合ギアは3速に設定しました。となると、スタミナ戦で強さを発揮していたバスラットレオンの評価は高まります。さらに付け加えると1番人気のククナは3速の新馬戦を取りこぼして5速の未勝利戦を勝利している戦歴。それならさらに信頼できると言えるでしょう。レースも想定通りに3速となり、バスラットレオンは3着に好走しました。やはりこちらに適性が高いのは間違いなさそうです。

次走の1勝クラスは人気も集めていましたし不得手なギアと予想していた条件だったので見送り。勝負はその次のニュージーランドトロフィーです。中山競馬場の1600mで行われる

2021年1月10日　中京11R　シンザン記念

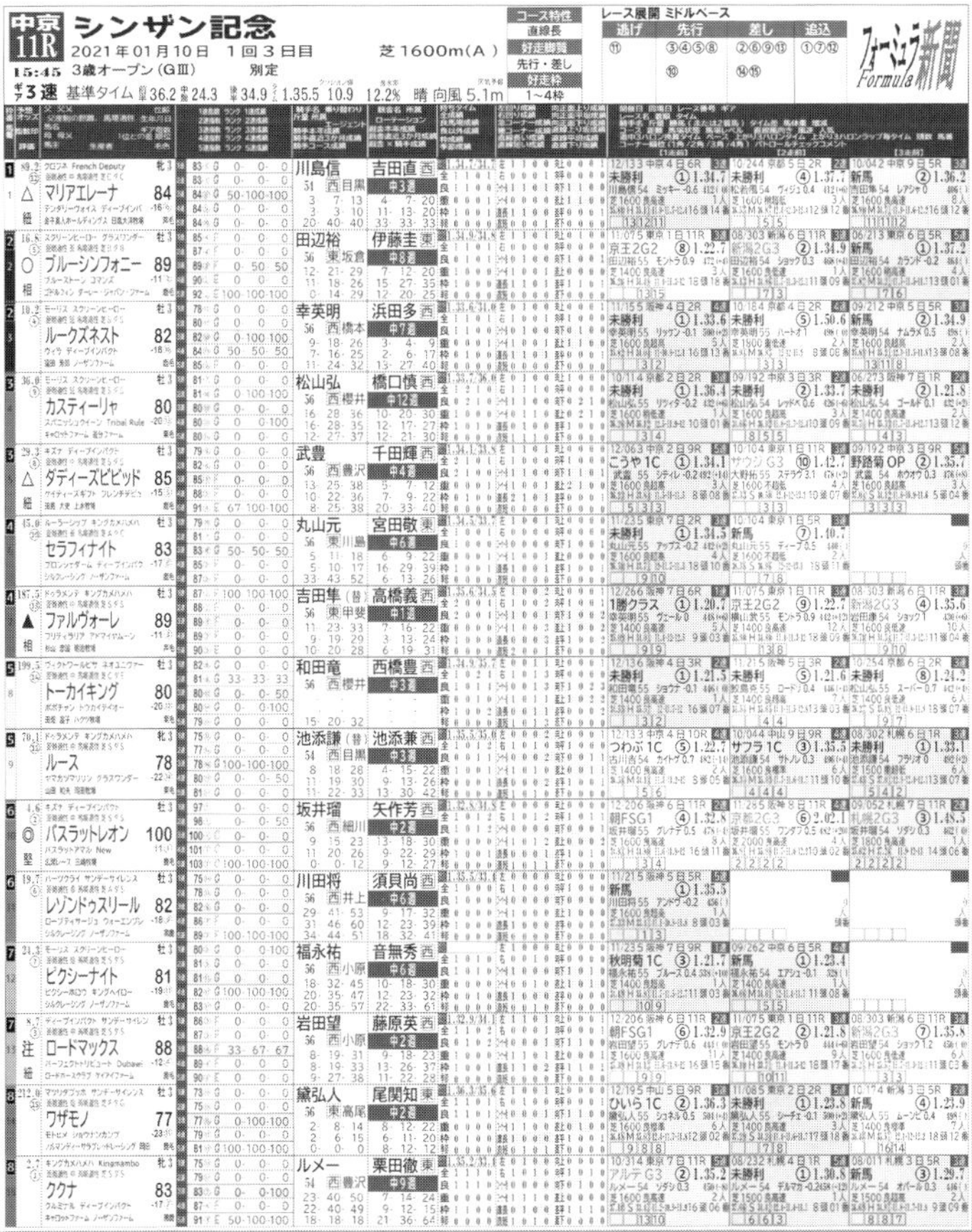

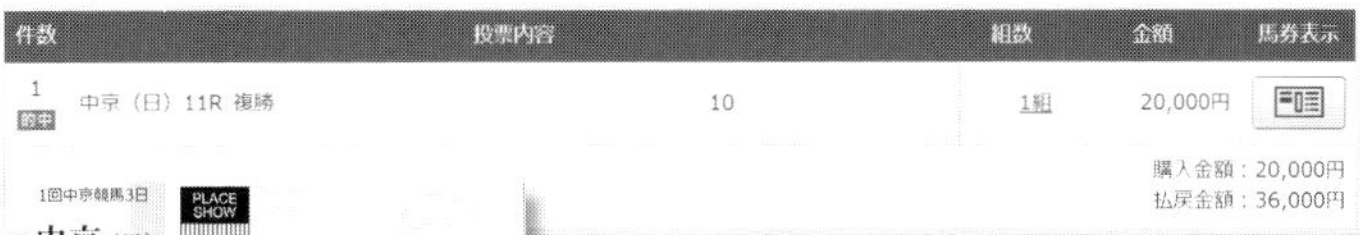

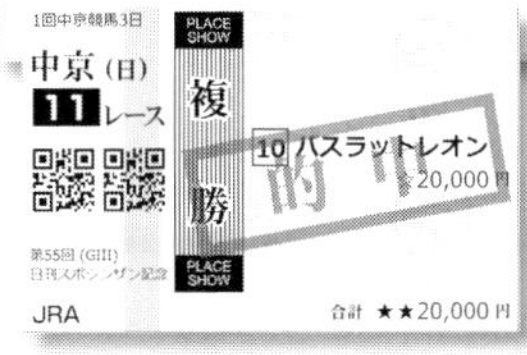

このレースは、直線の短いコースという事だけあって例年3速になる可能性の高い条件。逃げ馬もバスラットレオン自身がいるというメンバー構成でミドルペースが想定できるなら3速になる可能性は限りなく高い状況でした。結果的にもこちらの想定通り3速となったニュージーランドトロフィーは後続に5馬身をつける完勝。同馬の得意ギアがしっかりと見極められているからこそ勝負できた場面でした。

ちなみに、さらに次走のＮＨＫマイルカップも適合ギアは3速。同じ3速のニュージーランドトロフィーの内容が良かったので、このレースでも本命に…。結果はご存じの通り、スタート後すぐに落馬して終了。はずれ馬券だったので取っておかなかったのですが、2万円分の複勝を購入していました。本命馬が落馬して終了したのは２０１２年の南部杯のナムラタイタン以来です（泣）。ＮＨＫマイルカップの負け分を差し引いてもまだ同馬では勝っていますが、得意ギアがわかっているのでまたどこかで返してもらいます。

2021年4月10日　中山11R　ニュージーランドトロフィー

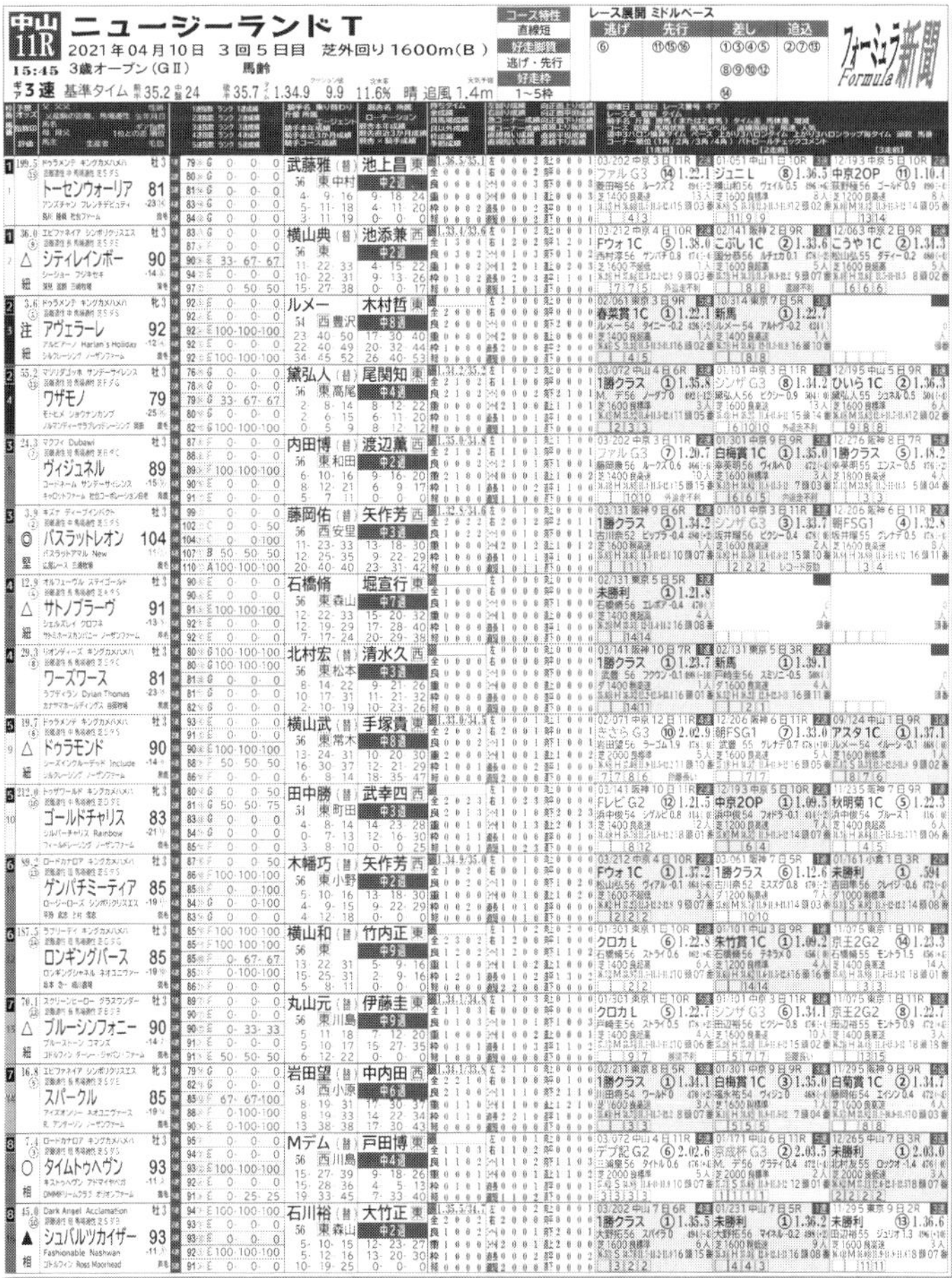

件数	投票内容	組数	金額	馬券表示
1 的中	中山（土）11R 複勝 06	1組	50,000円	

購入金額：50,000円
払戻金額：75,000円

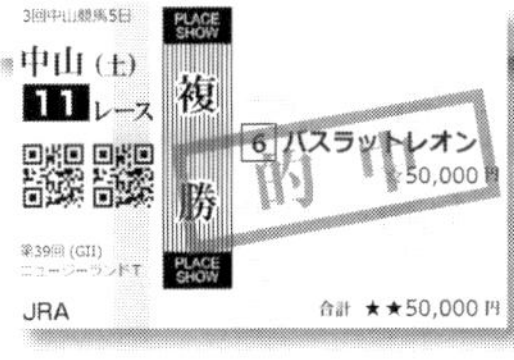

ギアのブレが少ないレースは狙い撃ち！

２０２０年12月13日　中山11R　カペラステークス

ギアファイブにとってキモとなるのは馬場質などから予想する適合ギアです。今回のレースで必要なギアがどのゾーンか?というのが予想できれば的中はグッと近づきます。レースは生き物、馬場も生き物なので実際に始まってみないとわからないところもありますが、いくつかの条件では「このギア以外ありえない」というコースが存在します。

カペラステークスが行われる中山競馬場のダート１２００ｍはその内の１つ。芝スタートのダート戦で前半からスピードに乗せやすいコースなのですが、さらに中山競馬場のコース形態の特徴として向こう正面からの下り坂が存在しており、さらにスピードに乗せやすい状況が揃っています。それに加えて、直線は２ｍの上り坂。こうした状況証拠から必然的に道中が速く上りが掛かる1速になります。詳しくは巻末データに記載していますが、なんとこのコースにおける1速の出現率は95%。カペラステークスは過去5年全て1速となっています。

このようにコースレイアウトがギアを決定づけているコースではほとんどブレがありませ

ん。そのため、今回であれば1速の実績だけを尊重すればいいのです。

レッドルゼルは芝時代を含めて1速では3勝2着2回3着1回と馬券内パーフェクト。キャリアの中で3着内を外した端午ステークスとプロキオンステークスは2速でした。コーラルステークスでは3番手から1着と先行して押し切る評価できる勝ち方で、2着に降したサクセスエナジーはその後2連勝からの地方交流重賞を2勝。重賞で通用するだけの能力の裏付けも十分です。

そして、もう1頭高く評価したのがダンシングプリンスでした。中央再転入後は1速を3戦して3連勝。いずれも逃げて勝利と減速するレースでは最も価値の高いレース内容で、3勝クラス勝ち上がり後いきなりの重賞でしたが通用すると判断しました。

なお、以下が当時に提供していた予想になります。

カペラステークスのギアは1速。JRA全重賞の中でも最もエンジンブレーキの強いレースと言っても過言ではないのが当レース。レースの道中平均ラップが33・2秒で、後半3ハロンが36・9秒。3・7秒も後半の方が掛かる前傾ラップで各馬「止まる」のが特徴です。そのためいかにバテないかが重要となり、エンジンブレーキの強いレースでバテない強さを持つ1速が重要となります。

1速指数1位はダンシングプリンス。中央に再転入後は3戦全て逃げて完勝。特に初戦は当レースと同条件で道中33・6秒を逃げて1・6秒差をつけて勝利しています。ペースも十分速い中、逃げてこれだけのパフォーマンスは1速で強いことを示す内容でした。初重賞でも勝ち負け可能なレベルだと判断します。

相手も2位レッドルゼルが本線で良さそうです。5走前になりますが橿原ステークスは好内容で、道中33・8秒はレース前半に上り坂がある京都競馬場ではかなり速いラップ。これを4コーナー5番手から0・5秒差で勝利した内容はエンジンブレーキの強いレースでバテない強さを示す一戦だと言えるでしょう。2頭の1速が抜けているので、ここは中心視。

結果は2、3着にはなりましたがワイドで購入していたので的中。ちなみに、勝ったジャスティンも1速の適性は高く、ギア指数は4位でした。馬場質を考えるのも競馬の予想の楽しみの一つですが、このように「間違いなくこのギアになる」という条件の場合は何も考えずにその傾向に寄せるのが得策です。

2020年12月13日　中山11R　カペラステークス

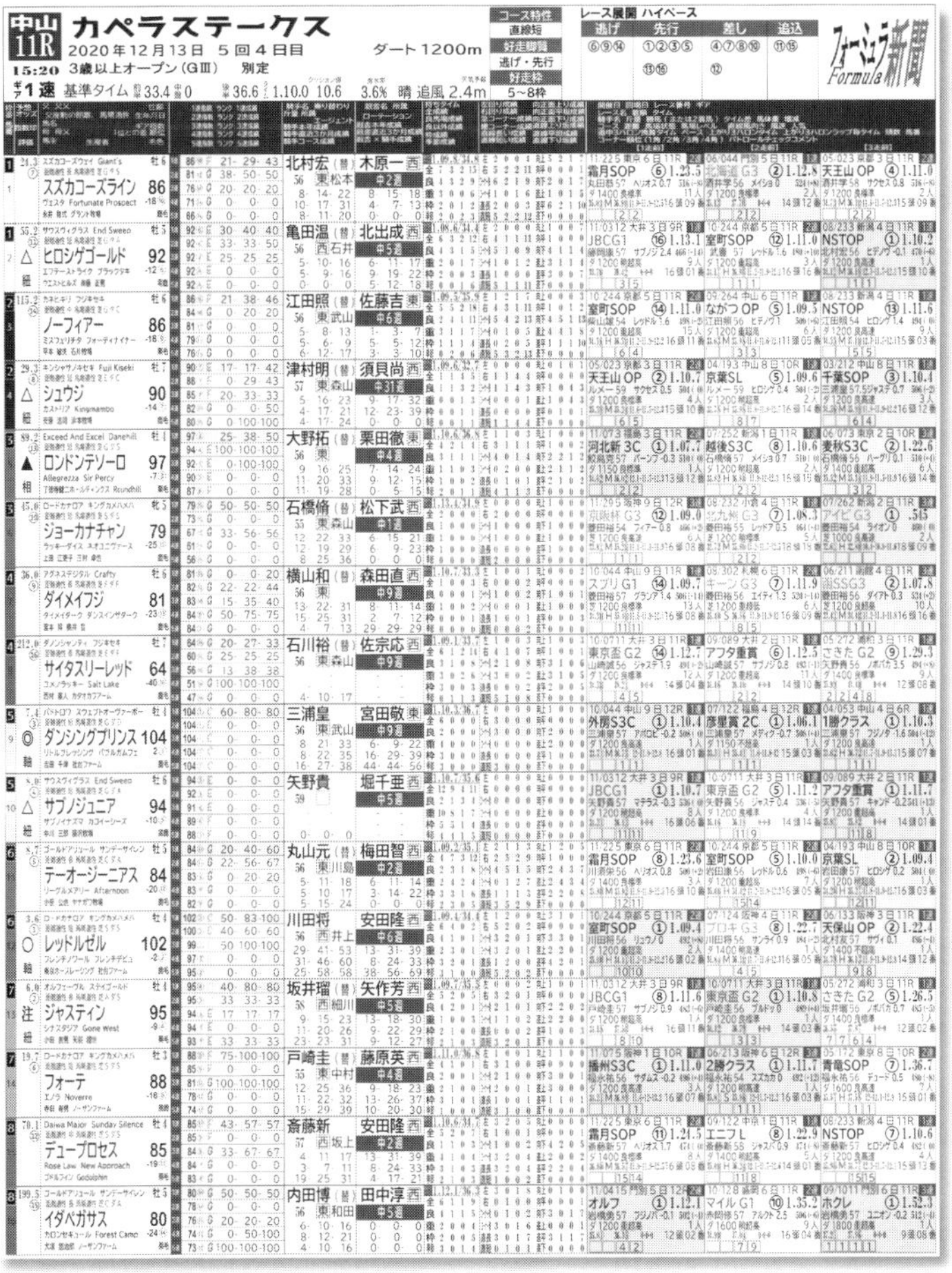
中山 11R 15:20 カペラステークス
2020年12月13日 5回4日目 ダート1200m
3歳以上オープン（GⅢ） 別定
コース特性 直線短 好走脚質 逃げ・先行 好走枠 5~8枠
レース展開 ハイペース 逃げ ⑥⑨⑭ 先行 ①②③⑤⑬⑯ 差し ④⑦⑧⑩⑫ 追込 ⑪⑮
フォーミュラ新聞 Formula新聞

馬番	印	馬名	指数	騎手	調教師
1		スズカコーズライン	86	北村宏	木原一
2	△	ヒロシゲゴールド	92	亀田温	北出成
3		ノーフィアー	86	江田照	佐藤吉
4	△	シュウジ	90	津村明	須貝尚
5	▲	ロンドンテソーロ	97	大野拓	栗田徹
6		ジョーカナチャン	79	石橋脩	松下武
7		ダイメイフジ	81	横山和	森田直
8		サイタスリーレッド	64	石川裕	佐宗応
9	◎	ダンシングプリンス	104	三浦皇	宮田敬
10	△	サブノジュニア	94	矢野貴	堀千亜
11		テーオージーニアス	84	丸山元	梅田智
12	○	レッドルゼル	102	川田将	安田隆
13	注	ジャスティン	95	坂井瑠	矢作芳
14		フォーテ	88	戸崎圭	藤原英
15		デュープロセス	85	斎藤新	安田隆
16		イダペガサス	80	内田博	田中淳

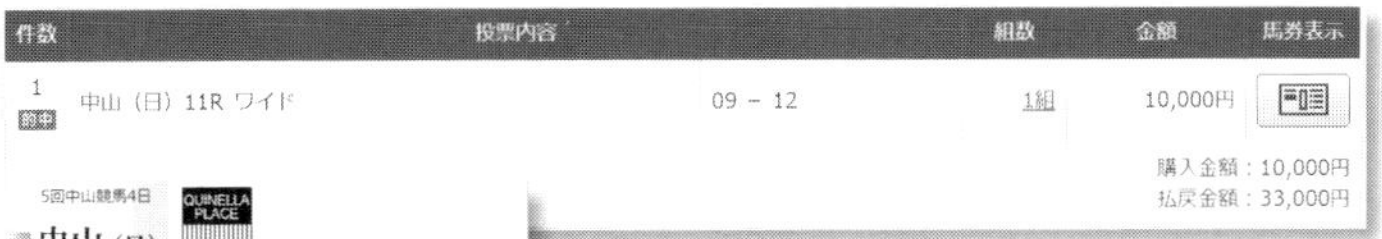

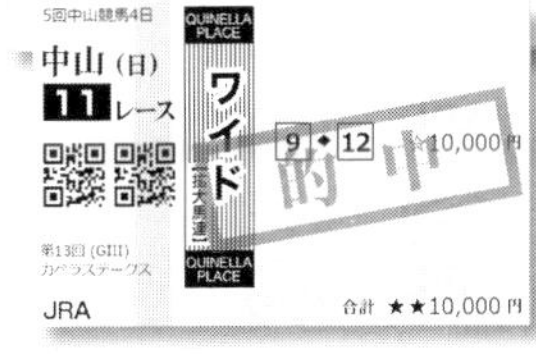

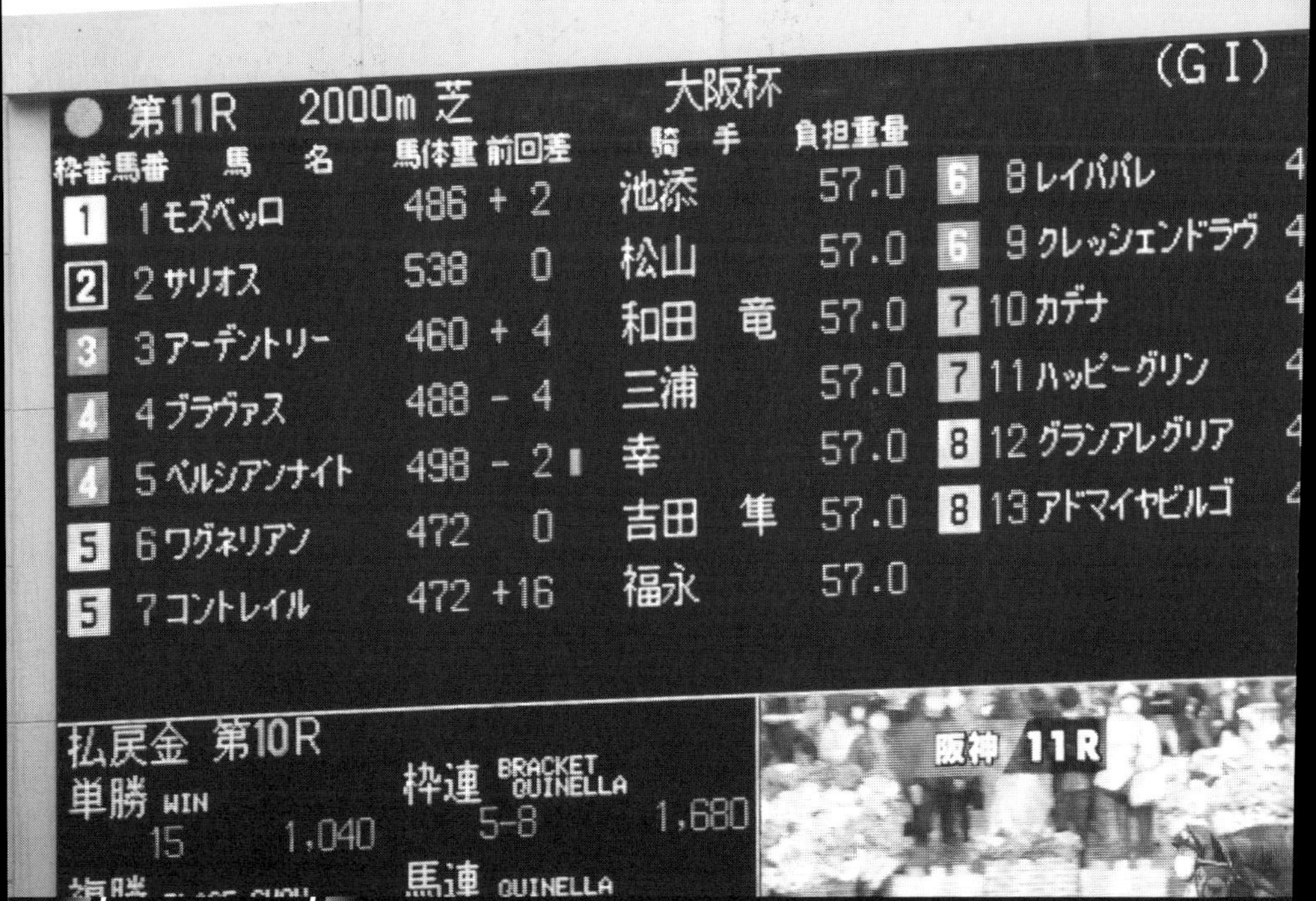
(GI)
第11R 2000m 芝 大阪杯
枠番馬番 馬名 馬体重 前回差 騎手 負担重量
1 1 モズベッロ 486 +2 池添 57.0
2 2 サリオス 538 0 松山 57.0
3 3 アーデントリー 460 +4 和田竜 57.0
4 4 ブラヴァス 488 -4 三浦 57.0
4 5 ペルシアンナイト 498 -2 幸 57.0
5 6 ワグネリアン 472 0 吉田隼 57.0
5 7 コントレイル 472 +16 福永 57.0
6 8 レイパパレ
6 9 クレッシェンドラヴ
7 10 カデナ
7 11 ハッピーグリン
8 12 グランアレグリア
8 13 アドマイヤビルゴ
払戻金 第10R
単勝 WIN
15 1,040
枠連 BRACKET QUINELLA
5-8 1,680
馬連 QUINELLA
阪神 11R

巻末データ

競馬場別コース&重賞解析

札幌競馬場

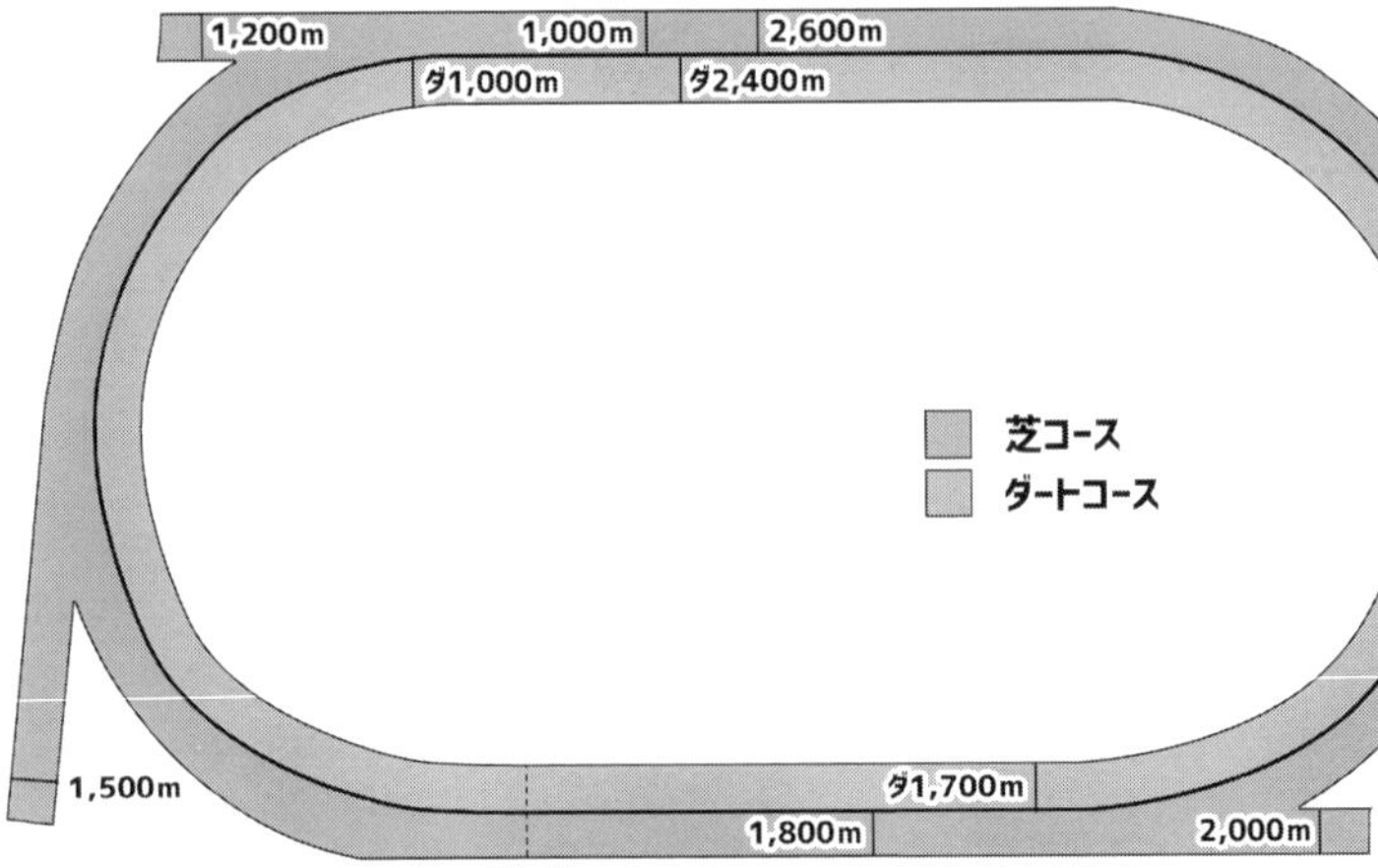

札幌競馬場最大の特徴は全周を通じて起伏がほとんどないという事です。また、ローカル競馬場という事で「小回り」と一括りにされてしまいがちですが、実際はAコース使用時で1周距離1640・9mに対して直線距離は266・1m。つまり一般的な楕円形の競馬場とは異なり、円形に近い競馬場となりコーナー半径が大きな「大回り」と言える競馬場となります。直線こそ短いものの、平坦＋大回りというコース形態でローカル競馬場の中では異彩を放つ競馬場と言えるでしょう。

芝は1200mで適合ギアが3速と短距離戦にしては道中のペースが速くならない傾向に。平坦＋大回りというコース形態なため、ローカル競馬場ら

コース	距離	道中3ハロン換算タイムの平均	上がり3ハロンの平均	適合ギア	1速率	2速率	3速率	4速率	5速率
芝	1200	34.3	35.4	3速	23	33	41	3	1
芝	1500	36.2	35.8	3速	5	13	45	15	22
芝	1800	37.0	35.8	4速	2	8	31	27	32
芝	2000	36.7	36.4	3速	2	10	55	20	13
芝	2600	37.8	35.5	4速	2	2	29	37	29
ダート	1000	34.9	35.5	3速	6	30	63	1	0
ダート	1700	36.9	37.9	3速	21	31	43	4	1
ダート	2400	38.6	38.9	3速	12	18	53	6	12

＊適合ギアは平均ラップ、発生率、コース形態などから総合的に判断しています

しくない1~2速にはなり辛い傾向があります。中~長距離では2000mだけが3速ですが、これはスタート後ホームストレッチを走る距離が長く、ペースが速くなりやすいためこのような差があります。

ダートは平坦+大回りというコース形態の影響が特に強く、1000m~2400mまで全て3速が適合ギアになります。後に紹介する函館競馬場の出し入れが最も有効で、減速ラップに強いスタミナタイプが札幌競馬場で持ち味を活かしきれないケースが見られます。

函館 競馬場

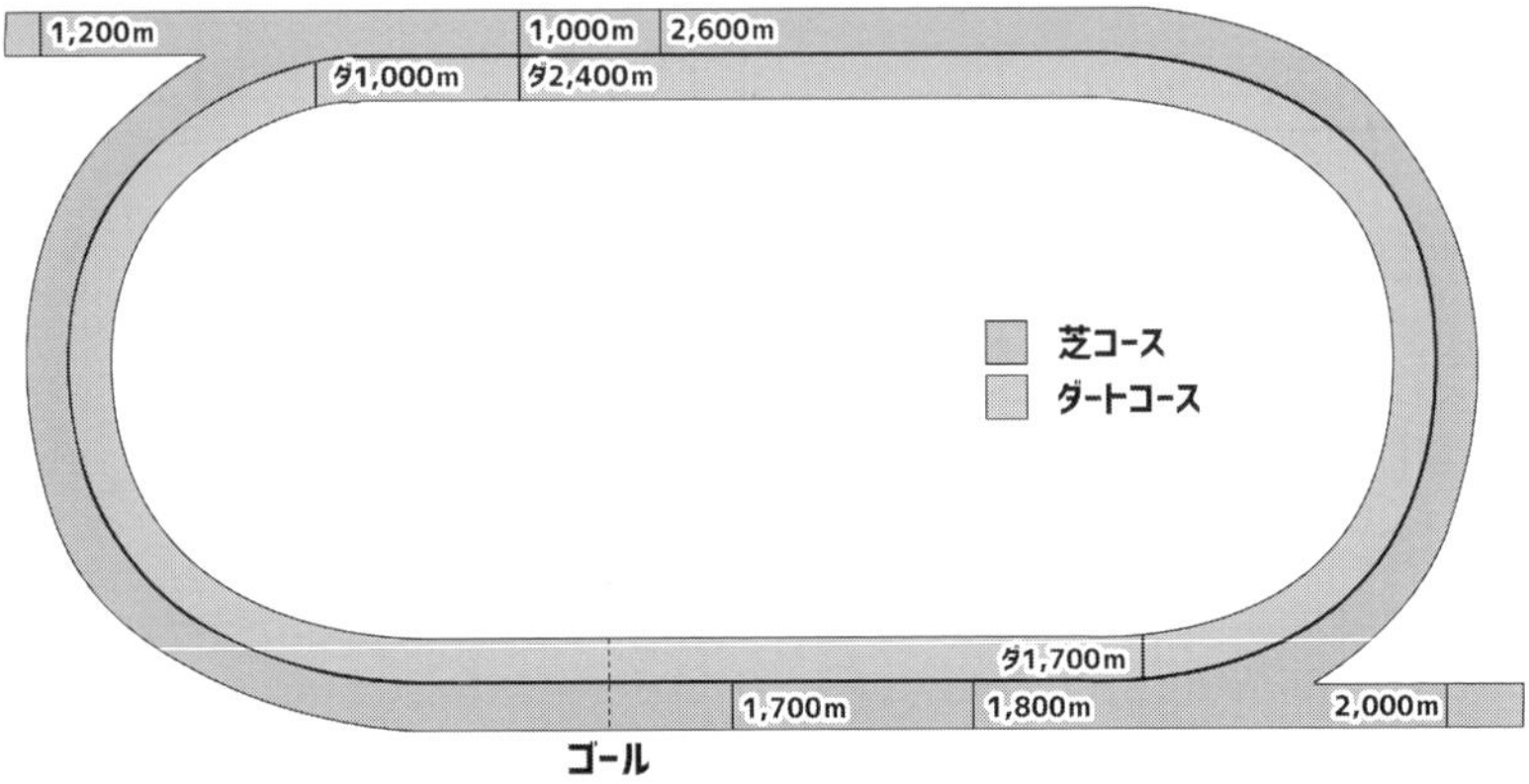

ゴール板から1コーナーまでの距離が長めにとられているレイアウトのため、直線の長さは芝が262・1m、ダートが260・3mと全場のなかで最も短いというのが函館競馬場の最大の特徴と言えるでしょう。さらにバックストレッチから3～4コーナーにかけて上り坂が設置されているコースレイアウトから勝負所での押し上げも難しい競馬場となります。直線の短さや同じ洋芝で行われるという共通点から札幌競馬場と同じイメージを持つのは危険な競馬場です。

芝は施行回数も多くない1000mを除くと2～3速。特に1200mは札幌競馬場が3速と異なるため、適合ギアの違いで上げ下げをするのが馬券

コース	距離	道中3ハロン換算タイムの平均	上がり3ハロンの平均	適合ギア	1速率	2速率	3速率	4速率	5速率
芝	1000	35.3	34.2	4速	0	0	38	50	13
芝	1200	34.1	35.3	2速	26	42	30	2	0
芝	1800	36.5	35.7	3速	1	8	45	25	22
芝	2000	36.4	36.0	3速	1	16	43	25	16
芝	2600	37.5	36.1	3速	0	0	37	37	27
ダート	1000	34.7	36.1	2速	30	46	24	0	0
ダート	1700	36.8	38.4	1速	40	34	24	1	1
ダート	2400	38.6	38.7	3速	0	29	57	0	14

＊適合ギアは平均ラップ、発生率、コース形態などから総合的に判断しています

的にはカギになるでしょう。中～長距離も3速と勝負所で加速の生じないレースになるため、札幌競馬場と比べてより短い直線と勝負所に待ち構える上り坂の影響が大きなコースです。

ダートは特に1700mがポイント。中距離戦の括りになる距離設定ではあるものの、とにかく道中のペースが速く勝負所で失速する展開に。いかにバテずに走り切れるかが大事で、脚の遅い逃げ馬や先行馬の流れ込みが目立ちます。また、短距離組の活躍が目立つのも特徴。

福島競馬場

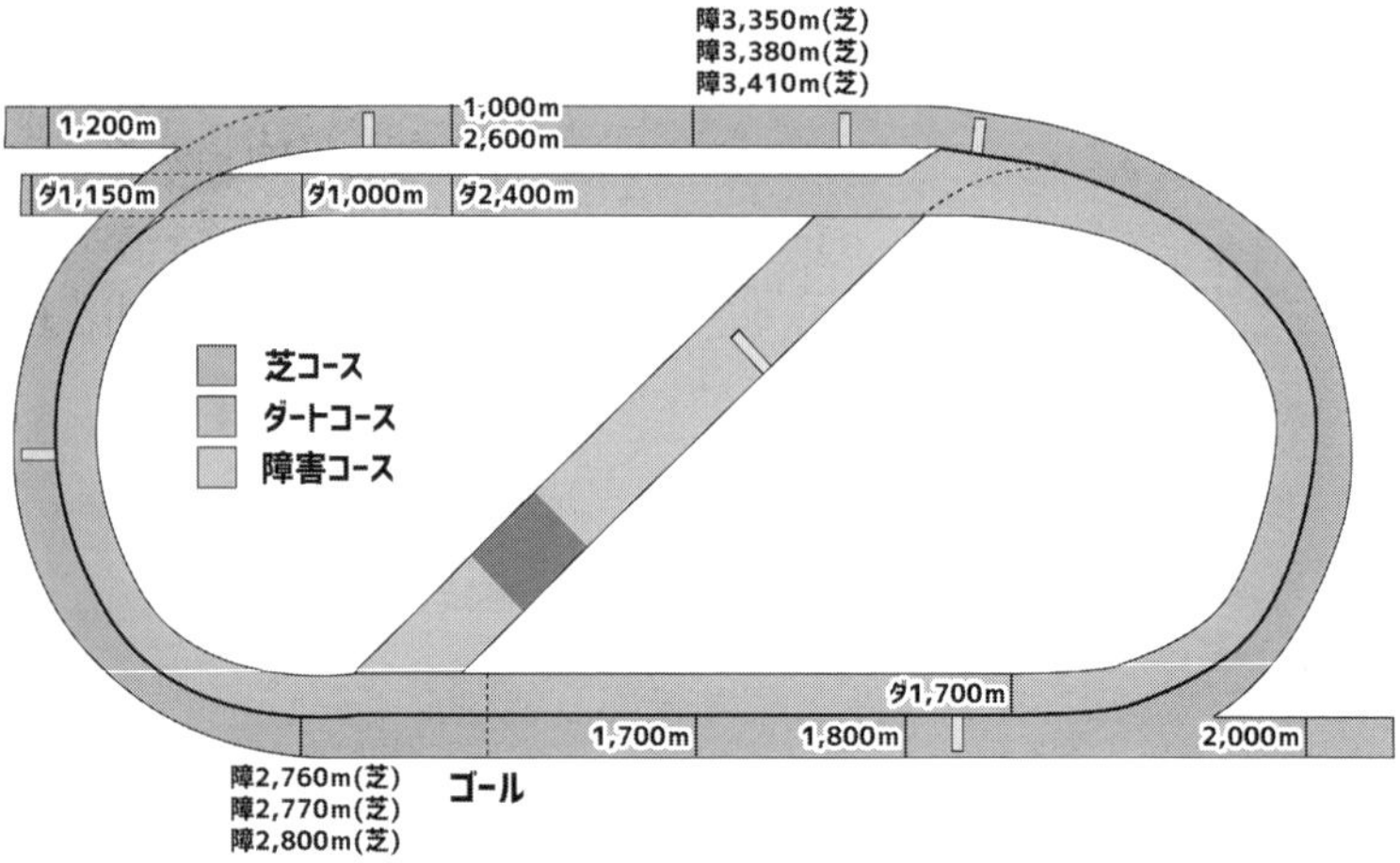

芝の１周距離はＡコース使用時で１６００ｍ、ダートは１４４４・６ｍ。これはＪＲＡ全場のなかで最も１周距離が短い競馬場となります。つまり競馬ファンのイメージに近いローカル競馬場と言えるでしょう。また起伏はゴール板を過ぎてから２コーナーにかけて高低差１・７ｍの下り坂があるため、ホームストレッチからスタートする中距離戦はこの区間でほぼスピードに乗ると言っても過言ではありません。バックストレッチは平坦でスピードも落とし辛く、全体的にペースが速くなる傾向にあります。

芝ではスタート後平坦なレイアウトを利用してペースは流れ、直線も短いので１２００ｍの適合ギアは２速とな

コース	距離	道中3ハロン換算タイムの平均	上がり3ハロンの平均	適合ギア	1速率	2速率	3速率	4速率	5速率
芝	1200	34.2	35.5	2速	27	45	28	1	0
芝	1800	36.5	35.9	3速	1	8	55	18	19
芝	2000	36.4	36.3	3速	7	9	57	17	9
芝	2600	37.5	36.5	3速	0	4	46	29	21
ダート	1150	34.5	37.4	1速	91	7	2	0	0
ダート	1700	37.2	38.6	2速	25	39	33	4	0
ダート	2400	38.6	39.4	2速	17	0	83	0	0

＊適合ギアは平均ラップ、発生率、コース形態などから総合的に判断しています

ります。中距離は前述の通り2コーナーまでの下り坂の影響で道中のペースが速くなりやすく、直線でギアの上がらない3速。2600mはメンバー次第で4〜5速もありますが、基本は3速が多く出現します。

ダートは1150mで9割近く1速に。芝スタートかつスタート後平坦、さらに直線は短いためフルスロットルでレースが進み、勝負所から大きく減速していかにバテないかを競うレースになります。この距離では1速だけに絞って予想して問題ないでしょう。

新潟 競馬場

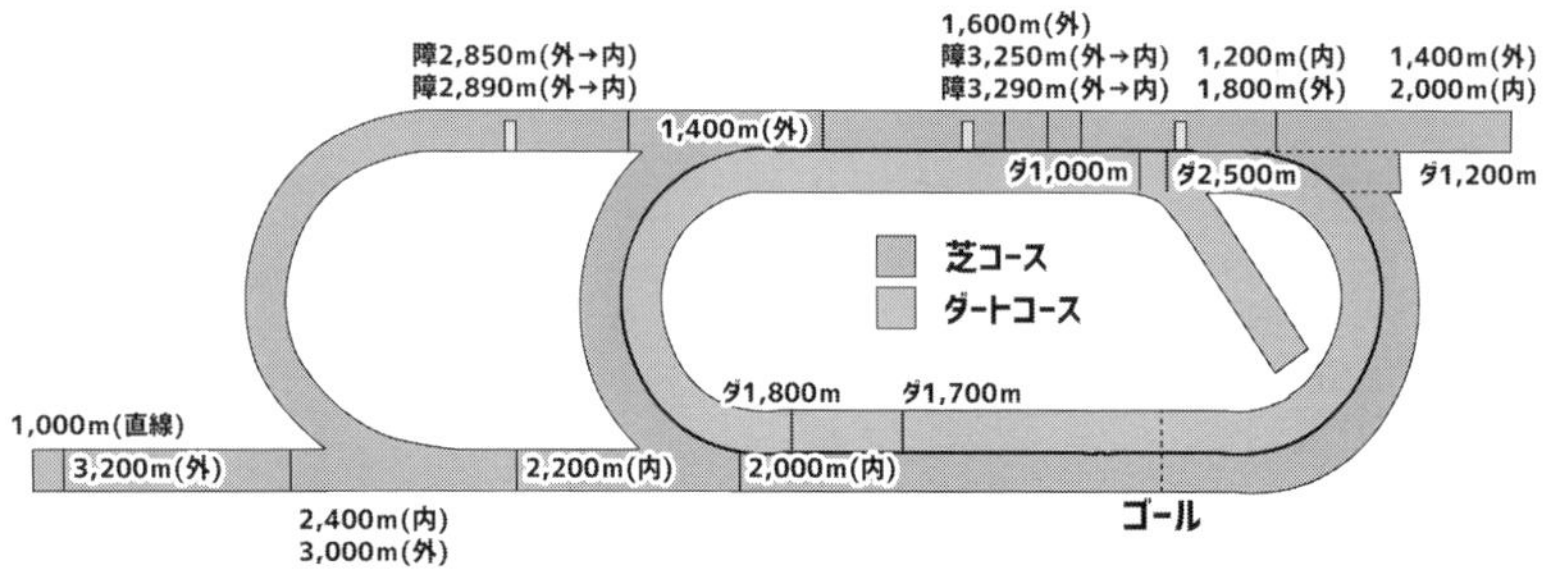

内回り、外回りに加えて直線１０００ｍも開催される新潟競馬場。バラエティーに富んだ競馬場で、それだけにコースによって大きく異なります。内回りコースの直線は標準的な長さ。内回りとはいえ短くはないのはポイントの一つと言えるでしょう。そして外回りは６５８・７ｍとＪＲＡ最長の直線が最大の特徴でしょう。また内回り、外回りを通じて平坦でコーナー半径が小さくかなり楕円形な競馬場。そのため、勝負所の３～４コーナーで一息入りやすいのも意識しておきたいポイントです。

芝は内回りと外回りでは当然適合ギアが異なり、内回りはほぼ３速が基本となります。やはり直線が短くはない

コース	距離	道中3ハロン換算タイムの平均	上がり3ハロンの平均	適合ギア	1速率	2速率	3速率	4速率	5速率
芝直線	1000	33.3	33.2	3速	0	4	87	10	0
芝内回り	1200	34.3	35.2	3速	16	41	43	0	0
芝内回り	1400	34.7	35.6	3速	21	33	36	8	2
芝内回り	2000	36.9	35.9	4速	0	4	35	40	21
芝内回り	2200	36.8	35.8	3速	0	6	42	17	35
芝内回り	2400	37.2	35.9	3速	0	6	38	31	25
芝外回り	1600	36.4	34.3	5速	0	3	21	13	63
芝外回り	1800	36.5	34.6	5速	0	2	20	23	55
芝外回り	2000	36.4	34.6	5速	1	1	18	26	53
ダート	1200	34.4	37.3	1速	90	8	1	0	0
ダート	1800	37.5	38.5	3速	27	24	44	5	1
ダート	2500	38.7	38.7	3速	11	22	33	22	11

*適合ギアは平均ラップ、発生率、コース形態などから総合的に判断しています

とはいえ特別長くもないので加速も減速も発生しないレースが多くなります。ただし2000mだけはスタート後のホームストレッチを走る距離が他と比べて短いためにペースが緩みやすく4速に。外回りはどの距離でも5速とスピードが好走の絶対条件。直線1000mは3速が9割近く狙い撃てる条件です。

ダートは芝スタートの1200mは道中のペースも速く1速が9割。バテ合いを脱落しないスタミナが重要ですが、1800m以上ではスタミナだけでは通用しない3速となります。

東京競馬場

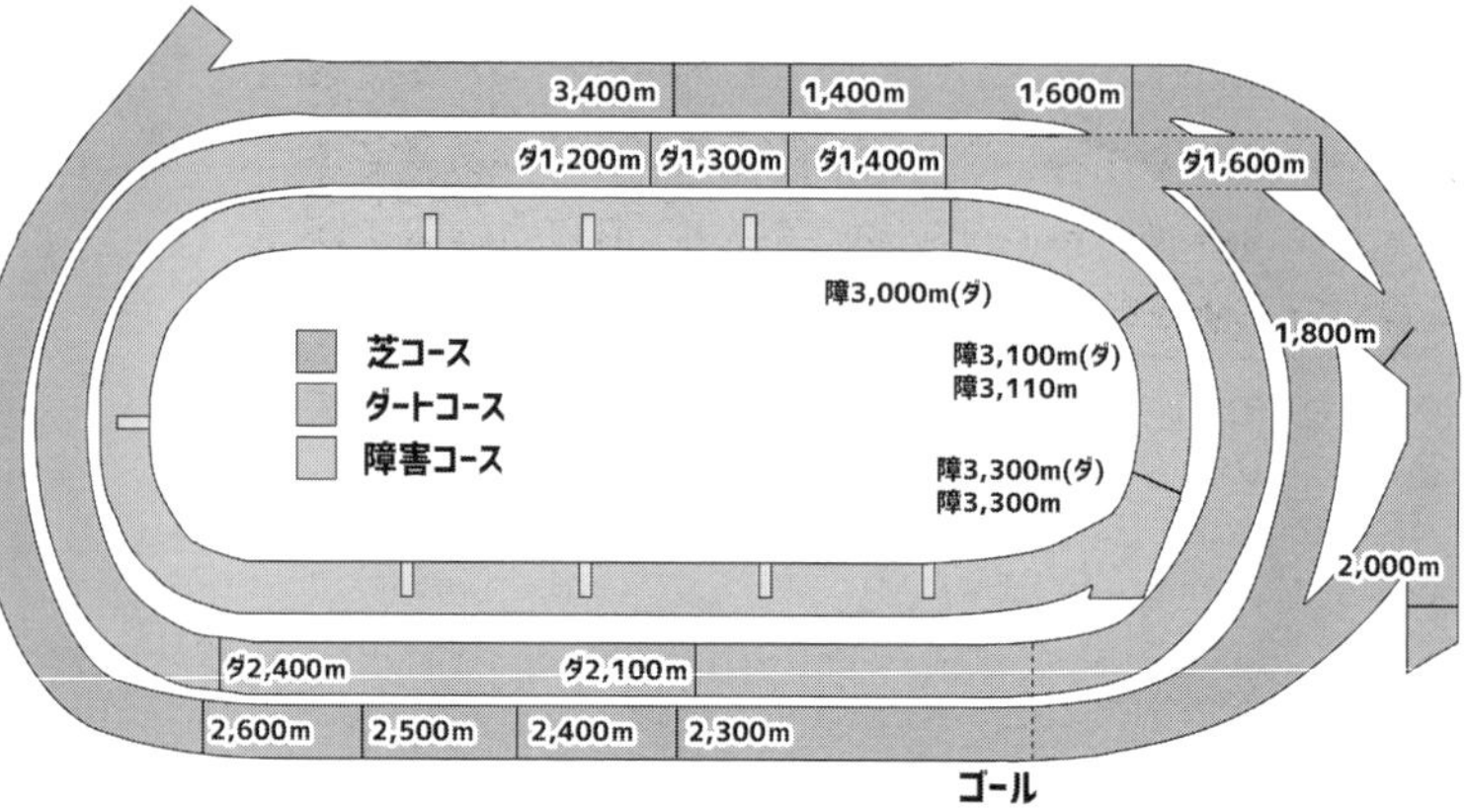

日本ダービーやジャパンカップなど、主要レースが多く行われる東京競馬場。芝の1周距離は2083・1mで、直線の長さは525・9mと新潟競馬場の外回りに次いで2番目に長い競馬場となります。また、同様にダートも1周距離が1899m、直線の長さが501・6m。ダートにおいては直線の長さがJRA最長となります。芝、ダートともまさに「大箱コース」と言えるでしょう。

芝は直線の長さを活かした加速力勝負がデフォルトで、短距離に相当する1400mでも4速とスピードが必要なコースとなります。同距離で4速となる競馬場は他になく、異なる適性が問われるコースと言えます。1800

コース	距離	道中3ハロン換算タイムの平均	上がり3ハロンの平均	適合ギア	1速率	2速率	3速率	4速率	5速率
芝	1400	35.5	34.6	4速	2	5	32	35	26
芝	1600	36.1	34.7	4速	1	5	14	43	38
芝	1800	36.8	34.7	5速	1	2	17	20	60
芝	2000	37.0	34.7	5速	1	1	16	16	66
芝	2300	37.8	34.3	5速	0	0	0	9	91
芝	2400	37.1	35.0	5速	1	1	16	26	57
芝	2500	36.6	34.8	4速	0	0	30	40	30
芝	3400	37.9	35.9	5速	0	20	0	20	60
ダート	1300	35.9	36.9	3速	22	26	48	5	0
ダート	1400	35.9	37.0	3速	25	32	40	3	0
ダート	1600	36.3	37.2	3速	21	28	44	6	1
ダート	2100	37.8	37.6	3速	5	13	49	22	10
ダート	2400	38.3	38.2	3速	0	30	40	30	0

＊適合ギアは平均ラップ、発生率、コース形態などから総合的に判断しています

ｍ以上では５速の割合が６割ほど。３速以下になる確率は２割ほどしかないので馬場状態など特殊な状況にならない限りはスピード重視の予想で問題ありません。

ダートも１３００ｍ、１４００ｍ含めすべてが３速。短距離戦でもスピード勝負になるのは芝と同様の傾向です。１４００ｍで３速になるダート戦は東京競馬場の他にはないため、適性による上げ下げが馬券のキモとなります。また、ＪＲＡで唯一の１６００ｍは３速。他場の１４００〜１８００ｍを使われた馬が出走してきますが、評価すべきは１８００ｍ組。

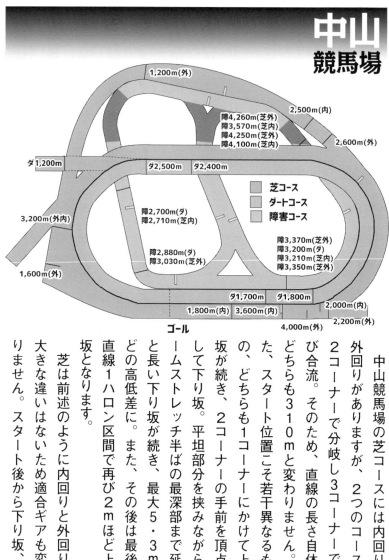

中山競馬場

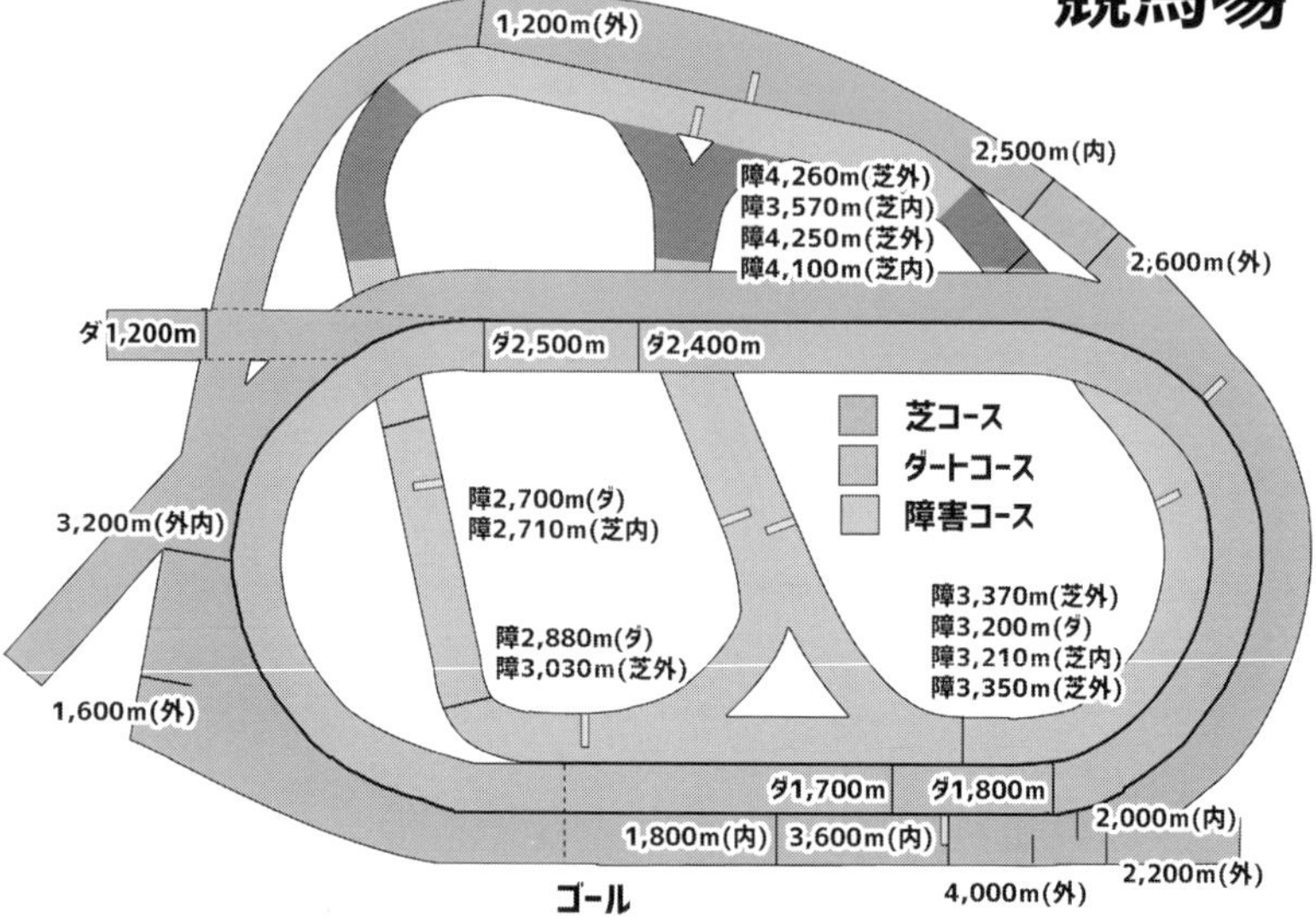

　中山競馬場の芝コースには内回りと外回りがありますが、2つのコースは2コーナーで分岐し3コーナーで再び合流。そのため、直線の長さ自体はどちらも310mと変わりません。また、スタート位置こそ若干異なるものの、どちらも1コーナーにかけて上り坂が続き、2コーナーの手前を頂点として下り坂。平坦部分を挟みながらホームストレッチ半ばの最深部まで延々と長い下り坂が続き、最大5・3mほどの高低差に。また、その後は最後の直線1ハロン区間で再び2mほど上り坂となります。

　芝は前述のように内回りと外回りに大きな違いはないため適合ギアも変わりません。スタート後から下り坂、直

コース	距離	道中3ハロン換算タイムの平均	上がり3ハロンの平均	適合ギア	1速率	2速率	3速率	4速率	5速率
芝内回り	1800	36.9	35.4	3速	0	3	42	28	26
芝内回り	2000	37.0	35.8	3速	2	3	35	29	31
芝内回り	2500	37.5	35.7	3速	2	0	40	28	30
芝内回り	3600	38.1	35.7	4速	0	0	0	50	50
芝外回り	1200	33.8	35.0	2速	27	38	33	3	0
芝外回り	1600	35.7	35.5	3速	7	14	45	20	13
芝外回り	2200	37.1	35.7	3速	0	2	35	31	32
ダート	1200	34.2	37.7	1速	95	5	0	0	0
ダート	1800	38.0	39.0	2速	23	39	31	5	2
ダート	2400	38.9	39.1	3速	13	7	61	11	9
ダート	2500	39.2	39.1	3速	0	0	80	20	0

＊適合ギアは平均ラップ、発生率、コース形態などから総合的に判断しています

線は上り坂の1200mが減速の発生する2速で、それ以外は3速。道中の下り坂と短い直線かつ急坂という事で上りが掛かるためギアが上がるレースは中距離以上であってもそう多くはありません。

ダートは1200mで芝以上の減速。この条件では1速率が95%とほぼブレがないので狙い撃てる条件と言えるでしょう。1800mもダート中距離ではあまりない2速。減速が大きいため他場の1800m実績はあてになりません。

中京
競馬場

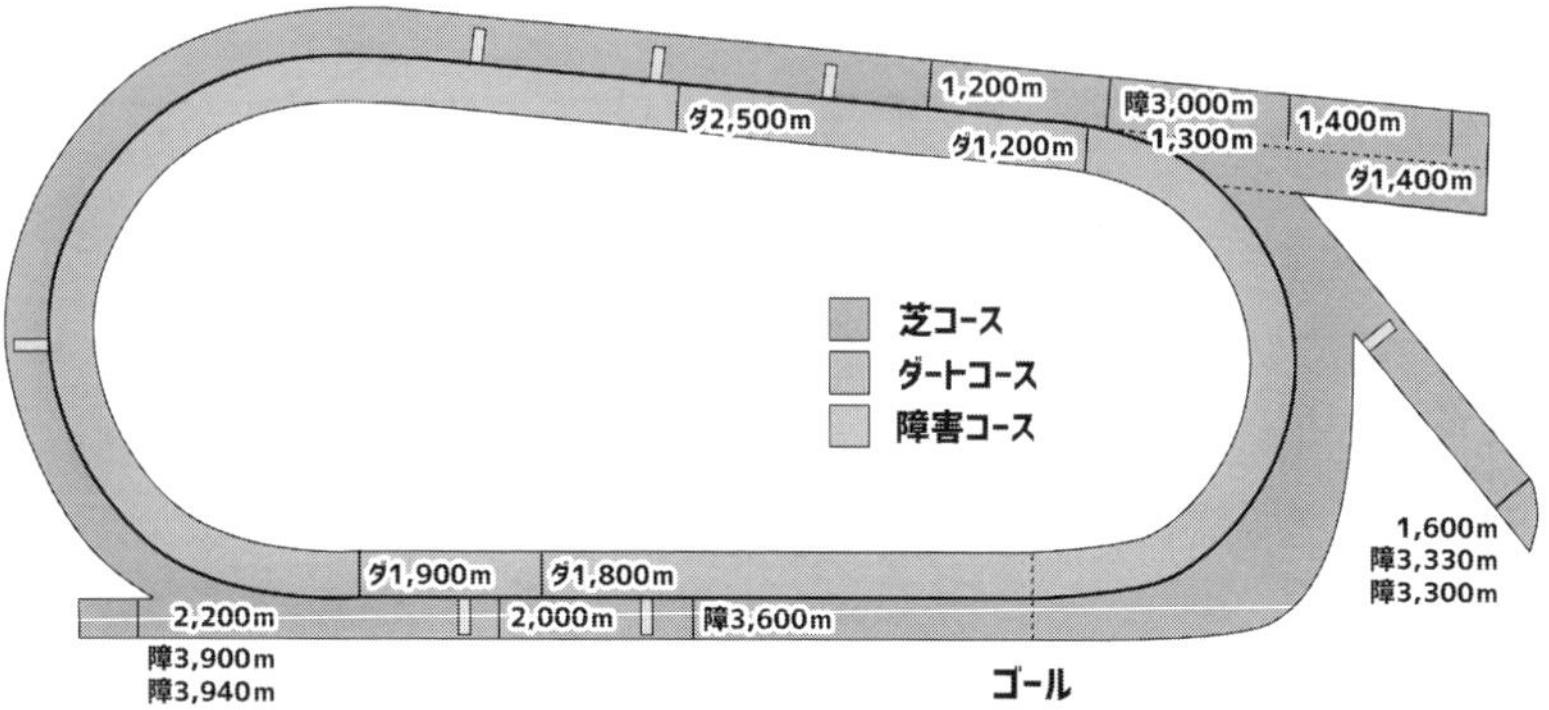

かつてのローカル競馬場らしいコースから大規模改修によって一変。芝は１周距離が１６００ｍから１７０５・９ｍとなり、直線の長さも３１３・８ｍから４１２・５ｍにそれぞれ伸びています。芝における直線の長さは京都競馬場の外回りよりも長く、ダートも東京競馬場に次いで２番目の長さ。起伏はバックストレッチを頂点として直線の入り口までなだらかに下り、直線に向いてすぐの地点に設けられている２ｍの上り坂を迎えます。

芝は直線こそ長いですが前述の２ｍの上り坂がポイント。直線入り口すぐに設置されていることから勝負所での加速を鈍らせ、１６００ｍ以上でも４速が多くなります。ただ、１２００ｍ

コース	距離	道中3ハロン換算タイムの平均	上がり3ハロンの平均	適合ギア	1速率	2速率	3速率	4速率	5速率
芝	1200	34.1	34.7	3速	8	28	58	5	1
芝	1400	34.8	35.3	3速	9	25	55	9	1
芝	1600	35.9	35.1	4速	1	5	27	43	23
芝	2000	37.0	35.3	4速	0	2	22	47	29
芝	2200	37.0	35.6	4速	0	5	21	44	30
ダート	1200	35.0	37.2	1速	70	23	7	0	0
ダート	1400	35.2	37.8	1速	78	14	8	0	0
ダート	1800	37.8	38.2	3速	12	23	50	11	4
ダート	1900	37.8	38.4	3速	12	29	50	6	3

＊適合ギアは平均ラップ、発生率、コース形態などから総合的に判断しています
＊芝3000mはサンプルが少ないが４速

や１４００ｍといった短距離戦は直線が長い事に加えてレース前半が上り坂である事から道中と上がりの差が少ない３速になりやすい傾向にあります。

ダートは１８００ｍこそ他場と差のない３速ですが、１２００ｍと１４００ｍは１速。芝スタートではありませんが直線に坂があるという事で、１２００ｍも減速の大きな展開になる可能性が高まります。いずれも７割と出現率も高く、同コースではバテないスタミナこそが重要と言えるでしょう。

京都
競馬場

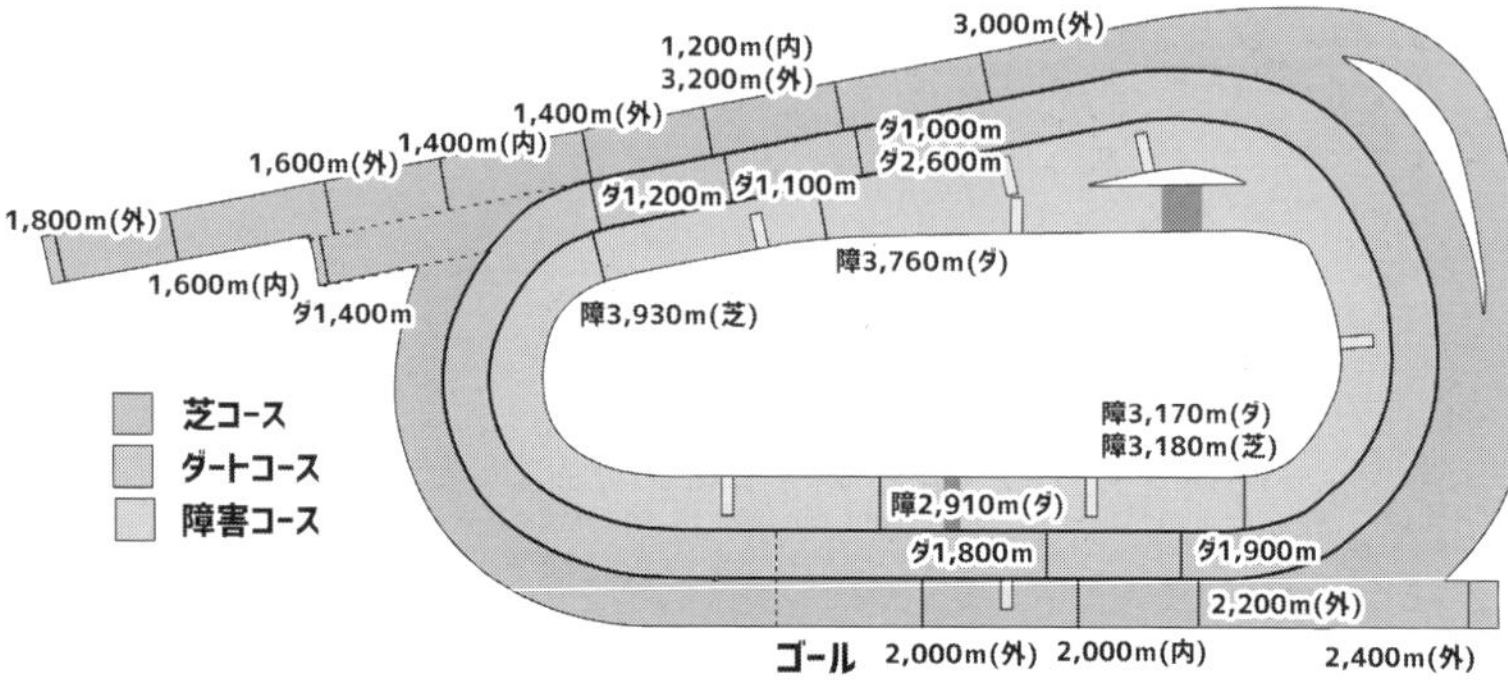

原稿執筆時点で京都競馬場は改修工事中。そのためオープン後は以前と傾向が異なる可能性はあるものの、競馬場自体のレイアウトを変更する工事ではないためひとまず以前のままで問題ないと考えています。そんな京都競馬場ですが、内回りと外回りで施行。前者は直線距離が３２８・４ｍとやや短く、後者は４０３・７ｍと標準程度。また、京都競馬場の最大の特徴と言えば「淀の坂」と呼ばれる３コーナーの坂。向正面の半ばから３コーナーにかけて上り、４コーナーにかけて一気に下るレイアウトで外回りでは４・３ｍの高低差があります。

芝は直線の短い内回りでは２０００ｍを除いて３速。２０００ｍはスター

コース	距離	道中3ハロン換算タイムの平均	上がり3ハロンの平均	適合ギア	1速率	2速率	3速率	4速率	5速率
芝内回り	1200	34.4	34.7	3速	9	17	62	12	1
芝内回り	1400	35.2	35.4	3速	3	23	62	8	3
芝内回り	1600	36.0	35.8	3速	4	13	49	20	13
芝内回り	2000	37.0	35.4	4速	2	2	24	36	36
芝外回り	1400	35.3	34.9	3速	2	11	47	27	13
芝外回り	1600	35.7	34.9	4速	3	10	32	41	14
芝外回り	1800	36.6	35.3	4速	1	4	13	44	37
芝外回り	2200	37.2	35.5	4速	0	1	17	46	35
芝外回り	2400	37.2	35.5	4速	0	4	12	43	41
芝外回り	3000	37.9	36.0	4速	0	0	20	20	60
芝外回り	3200	36.8	35.3	4速	0	0	20	40	40
ダート	1200	35.2	36.9	2速	39	44	15	1	0
ダート	1400	35.5	37.6	1速	61	22	17	0	0
ダート	1800	37.5	38.0	3速	12	25	49	11	3
ダート	1900	37.3	37.8	3速	10	22	55	11	2

*適合ギアは平均ラップ、発生率、コース形態などから総合的に判断しています

トから1コーナーまでが短いのでペースが緩み4速となります。直線は短いものの、直線が平坦である事と1200mなどバックストレッチ発走のレースはスタート後に上り坂を迎えることから前半のペースが緩みやすく短距離戦でも減速する流れにはなり辛いのが特徴。これは外回りでも同じ。外回りの中〜長距離戦は直線自体が長めではない事、淀の坂でスピードに乗る事から急激な加速は起こり辛く4速までが多くなります。

ダートは芝スタートの1400mは1速、ダートスタートの1200mは2速なのでここの微妙な上げ下げはダート戦の中でも馬券妙味につなげやすいでしょう。

阪神競馬場

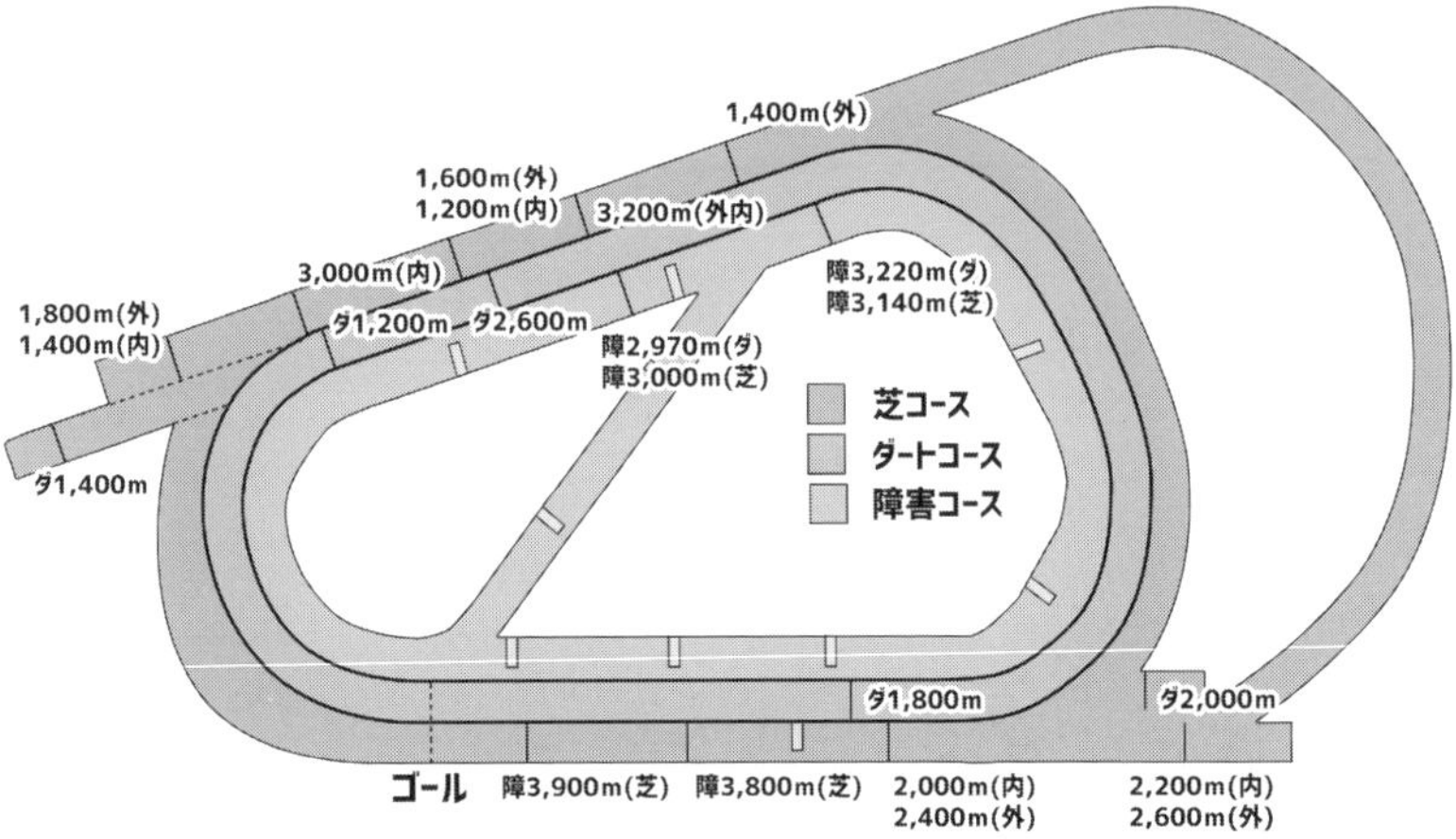

従来の3〜4コーナーの外側に、外回りコースを新設するという事で生まれ変わった阪神競馬場。もはや2つの競馬場と言っても過言ではないくらい内回りと外回りではコースが異なり、前者の直線距離は356・5mで後者は473・6mとなります。そんな外回りコースはバックストレッチが非常に長く、広々とした3〜4コーナーを回って長い直線に向くレイアウト。直線には内回り、外回りとも2mの上り坂がありますが、長い直線で勢いのつく外回りだとこれを苦にしません。実質、直線の坂を感じるのは内回りだけと言えます。

芝は内回りで2〜4速と幅広いギアが発生。1200mや2000mはス

コース	距離	道中3ハロン換算タイムの平均	上がり3ハロンの平均	適合ギア	1速率	2速率	3速率	4速率	5速率
芝内回り	1200	34.5	34.8	3速	8	21	61	7	3
芝内回り	1400	34.7	35.3	2速	13	45	35	6	2
芝内回り	2000	36.9	35.4	4速	1	1	33	36	29
芝内回り	2200	36.6	35.7	3速	2	0	50	26	22
芝内回り	3000	36.9	36.4	3速	0	0	60	20	20
芝外回り	1600	36.0	34.7	4速	1	5	24	35	35
芝外回り	1800	36.4	34.7	5速	2	3	22	19	53
芝外回り	2400	37.3	35.3	5速	0	1	26	15	59
芝外回り	2600	37.3	35.7	5速	0	0	23	31	46
ダート	1200	35.1	37.0	1速	55	34	10	0	0
ダート	1400	35.3	37.6	1速	68	22	9	0	0
ダート	1800	37.6	38.0	3速	10	21	53	11	5
ダート	2000	37.5	37.9	3速	9	25	52	12	2

*適合ギアは平均ラップ、発生率、コース形態などから総合的に判断しています
*芝内回り3200mはサンプルが少ないが3速

タートしてから最初のコーナーまでが短い関係でスピードに乗り辛く、ペースが緩む傾向にあります。そのため内回りで直線に坂があるにもかかわらず、１２００ｍで３速、２０００ｍで４速とイメージより加速寄りになっています。逆にスタート後、最初のコーナーまで長めの１４００ｍや２２００ｍはイメージ通り脚の遅い馬が活躍する場となります。

ダートは芝スタートの１４００ｍは当然の事、ダートスタートの１２００ｍも１速に。京都競馬場と異なる点は直線の坂の有無で、１２００ｍの戦歴を参考にするなら京都競馬場ではなく中京競馬場や中山競馬場となるでしょう。

小倉競馬場

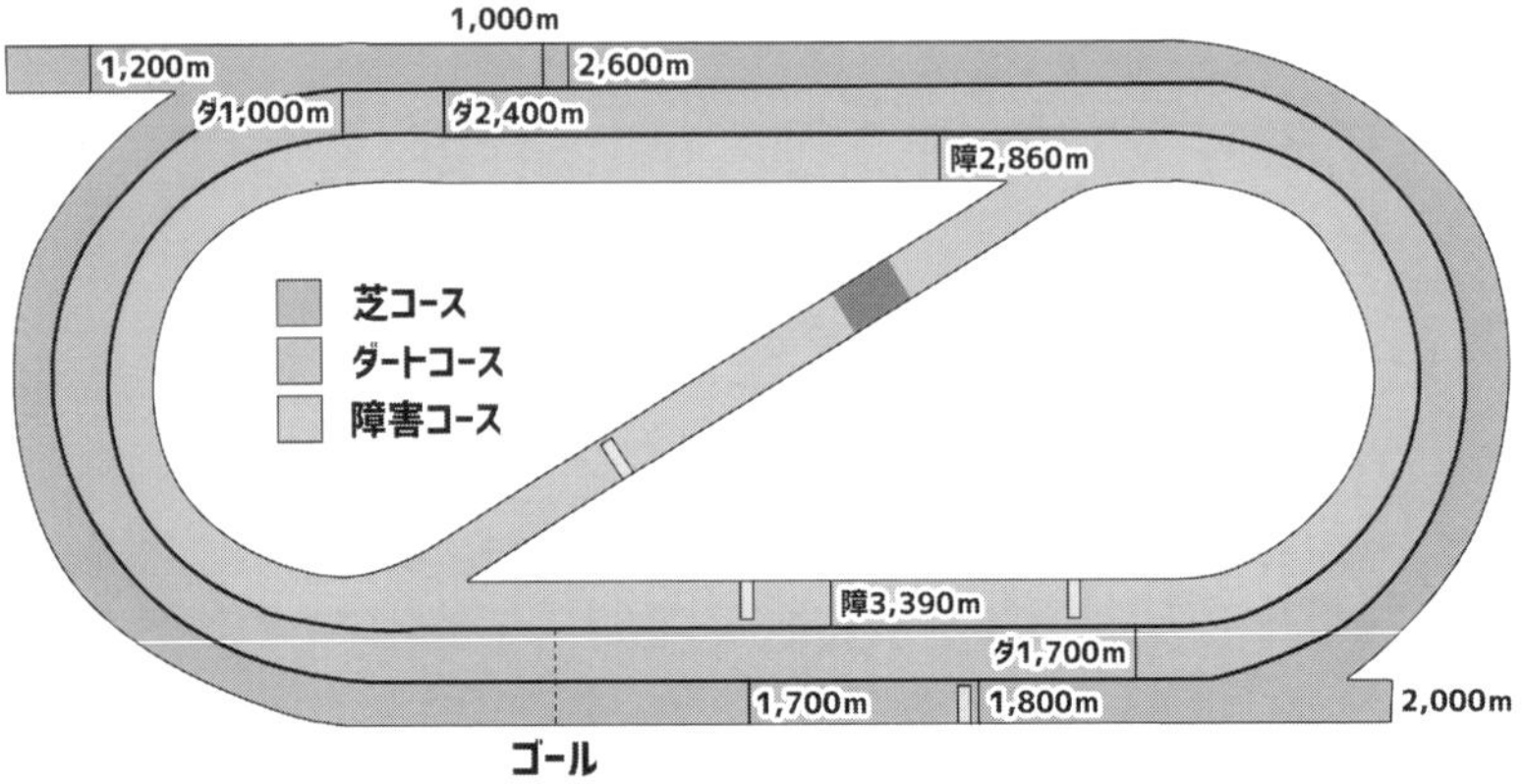

いわゆる小回りローカル競馬場のイメージに最も近いのが小倉競馬場。直線は293mと短く、1周距離の1615・1mは福島競馬場に次ぐ小ささ。また、直線には坂も設けられていません。ただし直線には坂がないだけで、コース全体の起伏に目を向けるとその限りではありません。1〜2コーナーを頂点に3mほど上った後、4コーナー過ぎまで下っていきます。起伏自体は比較的激しい部類と言えるでしょう。

芝では特にスタート後から下り坂が続く1200mで前半からペースが上がる可能性が高まります。適合ギアは2速となっていますが、芝としては1速の出現率も36%と高め。1〜2速合

コース	距離	道中3ハロン換算タイムの平均	上がり3ハロンの平均	適合ギア	1速率	2速率	3速率	4速率	5速率
芝	1200	33.6	35.3	2速	36	48	15	0	0
芝	1700	35.7	35.3	3速	0	0	100	0	0
芝	1800	36.2	35.9	3速	5	12	55	16	13
芝	2000	36.3	36.3	3速	4	15	60	14	7
芝	2600	37.3	36.5	3速	0	5	47	21	26
ダート	1000	34.2	36.0	1速	50	48	2	0	0
ダート	1700	36.8	38.2	2速	31	34	33	1	1
ダート	2400	38.4	38.7	3速	18	9	64	0	9

＊適合ギアは平均ラップ、発生率、コース形態などから総合的に判断しています

わせて84%とほとんど減速が生じるレースになります。中距離戦であっても直線が短い事や道中の下り坂でスピードに乗ってしまう事から、1700m以上は3速の割合が最も高くなっています。

ダートは2400mこそ3速で問題ない出現率ですが、1000mと1700mはそれぞれ出現率の差が小さく状況によって異なる絞り辛い条件と言えます。直線が平坦な分、道中のペースが少しでも落ち着けば減速が小さくなるので、ペースを吟味して予想を組み立てたい条件です。

札幌競馬場

レース名	コース	距離	グレード	道中3ハロン換算タイムの平均	上がり3ハロンの平均	適合ギア	1速率	2速率	3速率	4速率	5速率
キーンランドカップ	芝	1200	GIII	33.8	35.4	3速	60	20	20	0	0
札幌2歳ステークス	芝	1800	GIII	36.5	36.8	3速	0	40	40	20	0
クイーンステークス	芝	1800	GIII	35.7	34.9	4速	0	20	20	40	20
札幌記念	芝	2000	GII	36.0	36.3	3速	20	0	80	0	0
エルムステークス	ダート	1700	GIII	35.8	36.4	3速	20	20	60	0	0

函館競馬場

レース名	コース	距離	グレード	道中3ハロン換算タイムの平均	上がり3ハロンの平均	適合ギア	1速率	2速率	3速率	4速率	5速率
函館2歳ステークス	芝	1200	GIII	33.8	35.7	1速	60	40	0	0	0
函館スプリントステークス	芝	1200	GIII	33.2	34.3	2速	20	40	40	0	0
函館記念	芝	2000	GIII	35.9	35.9	3速	0	20	60	20	0

東京競馬場

レース名	コース	距離	グレード	道中3ハロン換算タイムの平均	上がり3ハロンの平均	適合ギア	1速率	2速率	3速率	4速率	5速率
京王杯2歳ステークス	芝	1400	GII	36.0	34.0	5速	0	0	20	40	40
京王杯スプリングカップ	芝	1400	GII	34.8	33.7	4速	0	0	40	20	40
NHKマイルカップ	芝	1600	GI	34.7	34.6	3速	0	0	100	0	0
アルテミスステークス	芝	1600	GIII	36.0	34.4	5速	0	0	40	0	60
ヴィクトリアマイル	芝	1600	GI	34.5	34.0	4速	0	0	60	20	20
サウジアラビアロイヤルカップ	芝	1600	GIII	35.8	34.8	5速	0	0	40	20	40
デイリー杯クイーンカップ	芝	1600	GIII	35.0	34.9	3速	0	40	20	20	20
安田記念	芝	1600	GI	34.4	34.2	3速	0	0	80	20	0
東京新聞杯	芝	1600	GIII	35.7	33.9	5速	0	0	40	0	60
富士ステークス	芝	1600	GII	35.3	34.4	4速	0	20	40	40	0
府中牝馬ステークス	芝	1800	GII	35.8	34.7	4速	0	0	50	0	50
エプソムカップ	芝	1800	GIII	36.2	34.7	5速	0	20	20	20	40
共同通信杯	芝	1800	GIII	36.5	34.5	5速	0	0	20	40	40
東京スポーツ杯2歳ステークス	芝	1800	GIII	35.9	34.7	5速	0	0	20	60	20
毎日王冠	芝	1800	GII	35.4	34.3	4速	0	0	40	40	20
フローラステークス	芝	2000	GII	36.2	35.0	5速	0	0	40	0	60
天皇賞(秋)	芝	2000	GI	36.2	35.0	4速	0	0	60	0	40
ジャパンカップ	芝	2400	GI	35.9	35.8	4速	20	20	0	40	20
青葉賞	芝	2400	GII	36.2	35.2	4速	0	0	40	40	20
東京優駿	芝	2400	GI	36.5	34.5	5速	0	0	20	20	60
優駿牝馬	芝	2400	GI	36.4	34.6	4速	0	0	20	20	60
アルゼンチン共和国杯	芝	2500	GII	37.1	34.4	5速	0	0	20	0	80
目黒記念	芝	2500	GII	36.1	35.2	4速	0	0	40	40	20
ダイヤモンドステークス	芝	3400	GIII	37.9	35.9	5速	0	20	0	20	60
根岸ステークス	ダート	1400	GIII	34.9	35.8	3速	0	60	40	0	0
フェブラリーステークス	ダート	1600	GI	35.3	36.2	3速	20	20	60	0	0
ユニコーンステークス	ダート	1600	GIII	35.3	36.4	3速	20	40	40	0	0
武蔵野ステークス	ダート	1600	GIII	35.2	35.9	3速	0	40	60	0	0

福島競馬場

レース名	コース	距離	グレード	道中3ハロン換算タイムの平均	上がり3ハロンの平均	適合ギア	1速率	2速率	3速率	4速率	5速率
ラジオNIKKEI賞	芝	1800	GIII	35.8	35.5	3速	0	0	80	20	0
福島牝馬ステークス	芝	1800	GIII	35.9	35.2	3速	0	0	60	0	40
七夕賞	芝	2000	GIII	35.3	37.4	1速	60	20	20	0	0
福島記念	芝	2000	GIII	35.7	36.1	3速	0	20	80	0	0

新潟競馬場

レース名	コース	距離	グレード	道中3ハロン換算タイムの平均	上がり3ハロンの平均	適合ギア	1速率	2速率	3速率	4速率	5速率
アイビスサマーダッシュ	芝直線	1000	GIII	32.8	32.4	3速	0	0	80	20	0
関屋記念	芝外回り	1600	GIII	34.5	34.5	3速	0	0	100	0	0
新潟2歳ステークス	芝外回り	1600	GIII	36.5	33.8	5速	0	0	20	0	80
新潟大賞典	芝外回り	2000	GIII	36.1	34.3	5速	0	0	40	20	40
新潟記念	芝外回り	2000	GIII	35.8	34.3	4速	0	0	20	60	20
レパードステークス	ダート	1800	GIII	36.7	37.7	3速	20	20	60	0	0

中山競馬場

レース名	コース	距離	グレード	道中3ハロン換算タイムの平均	上がり3ハロンの平均	適合ギア	1速率	2速率	3速率	4速率	5速率
スプリングステークス	芝内回り	1800	GII	36.2	35.7	3速	0	0	80	0	20
フラワーカップ	芝内回り	1800	GIII	36.4	35.6	4速	0	20	0	80	0
中山牝馬ステークス	芝内回り	1800	GIII	36.7	35.7	3速	0	20	20	20	40
中山記念	芝内回り	1800	GII	35.5	35.4	3速	0	20	60	0	20
ホープフルステークス	芝内回り	2000	GI	36.5	36.4	3速	0	0	75	25	0
京成杯	芝内回り	2000	GIII	36.6	36.1	3速	0	20	40	40	0
皐月賞	芝内回り	2000	GI	35.7	35.5	3速	0	20	40	40	0
紫苑ステークス	芝内回り	2000	GIII	36.3	34.8	4速	0	0	20	40	40
中山金杯	芝内回り	2000	GIII	36.1	35.5	3速	0	0	60	20	20
弥生賞ディープインパクト記念	芝内回り	2000	GII	37.0	35.3	5速	0	0	40	20	40
日経賞	芝内回り	2500	GII	37.4	35.6	3速	0	0	40	20	40
有馬記念	芝内回り	2500	GI	36.6	36.4	3速	20	0	40	20	20
ステイヤーズステークス	芝内回り	3600	GII	38.1	35.7	4速	0	0	0	40	60
スプリンターズステークス	芝外回り	1200	GI	33.1	34.6	3速	40	20	40	0	0
オーシャンステークス	芝外回り	1200	GIII	33.0	34.6	2速	40	60	0	0	0
ターコイズステークス	芝外回り	1600	GIII	34.7	35.4	2速	0	50	25	25	0
ダービー卿チャレンジトロフィー	芝外回り	1600	GIII	34.6	34.9	3速	0	40	40	20	0
ニュージーランドトロフィー	芝外回り	1600	GII	35.5	34.9	3速	0	0	60	20	20
フェアリーステークス	芝外回り	1600	GIII	35.6	35.3	3速	20	0	40	40	0
京成杯オータムハンデキャップ	芝外回り	1600	GIII	34.3	34.8	3速	0	20	80	0	0
アメリカジョッキークラブカップ	芝外回り	2200	GII	36.4	35.8	3速	0	0	80	0	20
オールカマー	芝外回り	2200	GII	36.6	34.9	3速	0	0	40	0	60
セントライト記念	芝外回り	2200	GII	36.3	35.7	3速	0	0	60	20	20
カペラステークス	ダート	1200	GIII	33.3	36.7	1速	100	0	0	0	0
マーチステークス	ダート	1800	GIII	37.1	37.7	3速	20	0	80	0	0

中京競馬場

レース名	コース	距離	グレード	道中3ハロン換算タイムの平均	上がり3ハロンの平均	適合ギア	1速率	2速率	3速率	4速率	5速率
CBC賞	芝	1200	GIII	33.6	34.3	2速	0	50	50	0	0
高松宮記念	芝	1200	GI	33.4	34.5	2速	20	60	20	0	0
セントウルステークス	芝	1200	GII	33.0	34.9	1速	100	0	0	0	0
ファルコンステークス	芝	1400	GIII	34.3	36.2	2速	20	40	40	0	0
中京記念	芝	1600	GIII	34.8	35.0	3速	0	25	75	0	0
愛知杯	芝	2000	GIII	36.2	35.3	3速	0	0	50	25	25
ローズステークス	芝	2000	GII	36.6	34.5	5速	0	0	0	0	100
金鯱賞	芝	2000	GII	36.8	34.3	5速	0	0	0	20	80
中日新聞杯	芝	2000	GIII	36.3	34.9	5速	0	20	0	0	80
神戸新聞杯	芝	2200	GII	36.1	36.2	3速	0	0	100	0	0
プロキオンステークス	ダート	1400	GIII	33.8	36.5	1速	100	0	0	0	0
チャンピオンズカップ	ダート	1800	GI	36.5	36.5	3速	0	20	60	20	0
東海ステークス	ダート	1800	GII	37.3	36.9	3速	0	25	25	50	0
シリウスステークス	ダート	1900	GIII	37.1	37.4	3速	0	0	100	0	0

京都競馬場

レース名	コース	距離	グレード	道中3ハロン換算タイムの平均	上がり3ハロンの平均	適合ギア	1速率	2速率	3速率	4速率	5速率
シルクロードステークス	芝内回り	1200	GIII	33.7	34.5	3速	0	40	60	0	0
京阪杯	芝内回り	1200	GIII	34.1	34.8	3速	25	0	75	0	0
葵ステークス	芝内回り	1200	重賞	33.8	34.2	3速	0	33	67	0	0
ラジオNIKKEI杯京都2歳ステークス	芝内回り	2000	GIII	37.1	34.9	5速	0	0	25	0	75
秋華賞	芝内回り	2000	GI	35.8	35.8	3速	0	20	60	20	0
ファンタジーステークス	芝外回り	1400	GIII	35.3	34.6	4速	0	25	0	75	0
京都牝馬ステークス	芝外回り	1400	GIII	35.6	34.9	4速	0	0	40	60	0
スワンステークス	芝外回り	1400	GII	34.7	35.0	3速	0	20	80	0	0
京都金杯	芝外回り	1600	GIII	35.2	35.0	3速	0	0	100	0	0
デイリー杯2歳ステークス	芝外回り	1600	GII	36.4	34.5	4速	0	0	0	50	50
マイルチャンピオンシップ	芝外回り	1600	GI	35.0	34.8	4速	0	25	50	25	0
読売マイラーズカップ	芝外回り	1600	GII	35.0	33.6	5速	0	0	40	20	40
シンザン記念	芝外回り	1600	GIII	35.8	36.2	3速	20	20	40	20	0
きさらぎ賞	芝外回り	1800	GIII	36.6	35.1	4速	0	0	0	80	20
エリザベス女王杯	芝外回り	2200	GI	37.1	34.4	5速	0	0	0	0	100
京都記念	芝外回り	2200	GII	37.3	36.2	4速	0	0	40	40	20
京都新聞杯	芝外回り	2200	GII	36.4	35.0	4速	0	0	20	40	40
京都大賞典	芝外回り	2400	GII	36.5	34.6	4速	0	0	0	40	60
日経新春杯	芝外回り	2400	GII	36.7	35.8	5速	0	20	20	0	60
菊花賞	芝外回り	3000	GI	37.9	36.1	4速	0	0	20	20	60
天皇賞(春)	芝外回り	3200	GI	36.8	35.3	4速	0	0	20	40	40
みやこステークス	ダート	1800	GIII	36.2	37.2	3速	33	33	33	0	0
東海ステークス	ダート	1800	GII	36.9	36.2	3速	0	0	100	0	0
平安ステークス	ダート	1900	GIII	36.6	37.1	3速	20	0	80	0	0

阪神競馬場

レース名	コース	距離	グレード	道中3ハロン換算タイムの平均	上がり3ハロンの平均	適合ギア	1速率	2速率	3速率	4速率	5速率
CBC賞	芝内回り	1200	GIII	33.5	35.2	2速	0	100	0	0	0
京阪杯	芝内回り	1200	GIII	33.8	34.4	3速	0	0	100	0	0
セントウルステークス	芝内回り	1200	GII	33.3	34.3	3速	25	25	50	0	0
ファンタジーステークス	芝内回り	1400	GIII	33.9	34.8	3速	0	0	100	0	0
阪急杯	芝内回り	1400	GIII	34.0	34.9	2速	0	20	80	0	0
阪神カップ	芝内回り	1400	GII	34.1	34.7	2速	0	20	80	0	0
フィリーズレビュー	芝内回り	1400	GII	34.5	35.4	2速	33	17	50	0	0
チャレンジカップ	芝内回り	2000	GIII	36.0	34.8	4速	0	0	50	0	50
マーメイドステークス	芝内回り	2000	GIII	36.0	35.6	3速	0	0	60	40	0
ラジオNIKKEI杯京都2歳ステークス	芝内回り	2000	GIII	36.9	35.5	4速	0	0	0	100	0
大阪杯	芝内回り	2000	GI	36.1	34.7	4速	0	0	25	25	50
鳴尾記念	芝内回り	2000	GIII	35.7	35.2	3速	0	0	80	0	20
エリザベス女王杯	芝内回り	2200	GI	35.8	34.8	4速	0	0	0	100	0
宝塚記念	芝内回り	2200	GI	35.9	36.0	3速	0	0	100	0	0
阪神大賞典	芝内回り	3000	GII	36.9	36.4	3速	0	0	60	20	20
アーリントンカップ	芝外回り	1600	GIII	35.2	35.1	3速	20	0	60	20	0
阪神牝馬ステークス	芝外回り	1600	GII	35.6	34.2	4速	0	0	40	20	40
チューリップ賞	芝外回り	1600	GII	35.7	34.0	4速	0	0	0	67	33
デイリー杯2歳ステークス	芝外回り	1600	GII	34.8	34.3	3速	0	0	100	0	0
中京記念	芝外回り	1600	GIII	34.5	35.2	3速	0	0	100	0	0
マイルチャンピオンシップ	芝外回り	1600	GI	35.1	33.5	4速	0	0	0	100	0
阪神ジュベナイルフィリーズ	芝外回り	1600	GI	35.4	34.7	3速	0	0	80	20	0
桜花賞	芝外回り	1600	GI	35.1	35.2	4速	20	20	20	20	20
朝日杯フューチュリティステークス	芝外回り	1600	GI	35.1	34.8	4速	0	40	0	60	0
ローズステークス	芝外回り	1800	GII	35.6	34.1	5速	0	0	25	25	50
毎日杯	芝外回り	1800	GIII	36.2	34.4	5速	0	0	20	20	60
神戸新聞杯	芝外回り	2400	GII	37.1	34.0	5速	0	0	0	0	100
プロキオンステークス	ダート	1400	GIII	34.6	35.6	2速	0	100	0	0	0
アンタレスステークス	ダート	1800	GIII	36.4	37.1	2速	0	60	40	0	0
みやこステークス	ダート	1800	GIII	36.2	37.4	2速	0	100	0	0	0
シリウスステークス	ダート	2000	GIII	36.7	36.8	3速	0	0	100	0	0

小倉競馬場

レース名	コース	距離	グレード	道中3ハロン換算タイムの平均	上がり3ハロンの平均	適合ギア	1速率	2速率	3速率	4速率	5速率
北九州記念	芝	1200	GIII	32.7	34.9	1速	80	20	0	0	0
小倉2歳ステークス	芝	1200	GIII	33.4	35.7	1速	80	20	0	0	0
小倉大賞典	芝	1800	GIII	35.5	35.5	3速	20	0	60	20	0
愛知杯	芝	2000	GIII	36.0	37.0	2速	0	100	0	0	0
小倉記念	芝	2000	GIII	35.5	35.2	3速	0	0	80	0	20

*京都競馬場の改修工事の影響で初めての施行となるレースは、コースの適合ギアを参照

あとがき

　本書の執筆時には、競馬界に多大なムーヴメントが起こっていました。本書内にもチラホラ書いていた「ウマ娘」です。私もアニメは全部視聴しました。アプリもやりたいなと思いながらも、ありがたいことにお仕事も忙しくなかなか手につかないといった状況です。ちょうど今あとがきを書いているので、本書もこれでひと段落。もしかしたらこの後ｉＰｈｏｎｅを取り出して…としているかもしれません（笑）。

　このような状況もあり、最近は過去の名馬にスポットライトが当たる機会が非常に増えています。これは競馬を愛するものとして非常に喜ばしい事です。

　はじめにでも取り上げたゴルシちゃんことゴールドシップは、脚の遅い強い馬。つまりスタミナに優れたタイプでした。皐月賞や有馬記念が行われる中山競馬場のようなコースが得意で、敗れたレースは東京競馬場など直線の長い競馬場でスピードが要求されるレース。速い脚を使わされる条件では実力を発揮できず、現役なら3速の申し子として本書の表紙を飾っていたことでしょう。

　また、スペちゃんことスペシャルウィーク、グラスちゃんことグラスワンダー、セイちゃんことセイウンスカイの同期3頭のライバル関係では、皐月賞でセイウンスカイが勝利。宝塚記念や有馬記念といった脚の遅いスタミナ型に有利なレースではグラスワンダーが勝利しています。ただ、スペシャルウィークは苦手な条件で敗れただけで、日本ダービーではセイウンスカイを降して勝利しています。それぞれ得意なギアが違うので、実力を発揮できる条件で勝利しているという事です。

過去の名馬がどのギアを得意としていたのか？をギアファイブを使いながら振り返ってみるのも面白いと思います。いい勉強にもなると思いますし、よりイメージが湧くでしょう。もしこれから競馬を勉強してみようと思っている方が本書を手に取ってくださっているのなら、まずはそれから始めてみてください。

競馬というのはギャンブルでもありますが、それと同じく、いやそれ以上にスポーツという側面も有しています。ゴールドシップに騎乗していた内田騎手は、２０１３年の宝塚記念を勝利した時に次のように語っています。

「馬はロボットじゃない、心を持った生き物」

人間も馬も同じ生き物。それだけに得意な条件や苦手な条件があるのは当然なんです。

ギアファイブは車のギアに喩えた理論。車だと見た目から異なるので選択を間違うことはありませんが、競走馬になるとそうはいきません。路盤がボコボコに荒れたオフロードのレースでスポーツカーを選んだり、路面が整理されたサーキットで四駆を選んだりしているのと同じ。適性を理解していないことがいかに危険か理解できるでしょう。

競走馬は脚の速い馬もいれば遅い馬もいる。大事なのはその馬に寄り添って走りやすい条件なのか耳を傾けてあげる事。

これを理解できれば、競馬がますます楽しくなると思います。そして、馬券もきっと安定して的中できるようになるでしょう。少なくとも、私は競走馬の適性を見極める事で自信を持って予想をすることができています。※左ページに今年を含む過去3年の成績を添付してます。

この本を手に取ってくださった方にも、何か少しでも本書がお役に立てれば幸いです。そして本書に共感してくださった方がいらっしゃいましたら、そして再びみんなで集まれる日が来たならその日は朝まで競馬について語り明かしましょう。私はお酒は強くないのでコーラでしか付き合えませんが、トコトン語りますよ（笑）。そんな日を楽しみにしています。

最後になりましたが、本書の執筆にあたり多大なご協力を頂きました方々へ、心より感謝を申し上げます。

２０２１年8月吉日

安井涼太

安井　涼太様、いつもご利用ありがとうございます。
あなたの2019年の1日最高払い戻し額は115,560円です。
万馬券的中回数は7回
最高払い戻し単価は56,780円です。

2019年 ▼　CSVダウンロード

開催	購入日	購入	払戻	回収率	50%　100%　150%	購入R数	的中R数	的中率	25%　50%　75%
1回中山1回京都	2	13,500	27,000	200%		2	1	50%	
1回東京2回京都	6	60,500	0	0%		10	0	0%	
2回中山1回阪神	7	49,500	153,950	311%		12	4	33%	
3回中山2回阪神	8	61,600	35,840	58%		12	2	17%	
2回東京3回京都	12	69,500	39,340	57%		13	2	15%	
3回東京3回阪神	5	67,100	160,860	240%		7	3	43%	
2回福島3回中京	6	62,300	40,330	65%		9	2	22%	
2回新潟2回小倉	7	95,900	42,740	45%		13	2	15%	
4回中山4回阪神	7	77,000	89,410	116%		9	5	56%	
4回東京4回京都	8	84,600	81,720	97%		10	4	40%	
5回東京5回京都	6	83,500	120,510	144%		9	6	67%	
5回中山5回阪神	9	117,900	167,390	142%		11	5	45%	
トータル	83	842,900	959,090	114%		117	36	31%	

安井　涼太様
いつもご利用ありがとうございます。
あなたの2020年の1日最高払い戻し額は126,000円です。
万馬券的中回数は1回
最高払い戻し単価は23,390円です。

2020年 ⌄　CSVダウンロード

開催	購入日	購入	払戻	回収率	50%　100%　150%	購入R数	的中R数	的中率	25%　50%　75%
1回中山1回京都	6	72,200	48,690	67%		9	2	22%	
1回東京2回京都	6	60,900	32,960	54%		11	2	18%	
2回中山1回阪神	7	74,400	40,730	55%		11	3	27%	
3回中山2回阪神	8	77,000	15,960	21%		10	1	10%	
2回東京3回京都	2	100,000	175,000	175%		2	2	100%	
3回東京3回阪神									
2回福島4回阪神									
2回新潟1回札幌	2	101,500	140,000	138%		3	2	67%	
3回新潟2回小倉	1	20,000	36,000	180%		1	1	100%	
4回中山2回中京	2	103,000	65,000	63%		2	1	50%	
4回東京4回京都	4	220,000	236,000	107%		4	3	75%	
5回東京5回阪神	2	40,000	118,000	295%		2	2	100%	
5回中山6回阪神	6	172,800	207,000	120%		8	5	63%	
トータル	46	1,041,800	1,115,340	107%		63	24	38%	

安井　涼太様
いつもご利用ありがとうございます。
あなたの2021年の1日最高払い戻し額は145,000円です。
万馬券的中回数は1回
最高払い戻し単価は21,180円です。

2021年 ⌄　CSVダウンロード

開催	購入日	購入	払戻	回収率	50%　100%　150%	購入R数	的中R数	的中率	25%　50%　75%
1回中山1回中京	2	50,000	36,000	72%		2	1	50%	
1回東京1回中京	1	70,000	103,000	147%		2	2	100%	
1回東京1回阪神	4	180,300	135,000	75%		5	2	40%	
2回中山1回阪神	3	145,000	149,000	103%		5	4	80%	
3回中山2回阪神	5	149,800	274,300	183%		7	6	86%	
2回東京2回阪神	1	28,800	65,000	226%		1	1	100%	
2回東京3回中京	5	150,400	188,680	125%		5	3	60%	
3回東京4回中京	1	13,800	0	0%		1	0	0%	
3回東京3回阪神	2	72,800	100,000	137%		2	1	50%	
1回福島3回小倉	1	10,000	0	0%		1	0	0%	
3回新潟1回函館	3	82,800	100,000	121%		3	1	33%	
4回新潟4回小倉									
トータル	28	953,700	1,150,980	121%		34	21	62%	

安井涼太

Ryota Yasui

1988年生まれ。競馬評論家、ライター、プログラマーと競馬に関する様々な分野で活動を続ける。現在は「競馬王」他、日刊SPA!内の「勝SPA!」にて連載するなどメディアでも活躍中。著書に『超穴馬の激走を見抜く!追走力必勝法』(秀和システム)、『安井式ラップキャラ』(ベストセラーズ)がある。

Twitterアカウント

@RyotaYasui(https://twitter.com/RyotaYasui)

2021年よりオンラインサロン『競馬の方程式』を開設

(https://community.camp-fire.jp/projects/view/356362)

noteアカウント

https://note.com/ryota_yasui/

競走馬の適性を5つに分けて激走を見抜く!

脚質ギアファイブ

2021年9月24日初版第一刷発行

著者/安井涼太

装幀/高松伸安

写真/橋本 健

発行者/松丸 仁

印刷・製本/株式会社 暁印刷

発行所/ガイドワークス

編集部 〒169-8578 東京都新宿区高田馬場4-28-12 03-6311-7956

営業部 〒169-8578 東京都新宿区高田馬場4-28-12 03-6311-7777

URL http://guideworks.co.jp

競馬王 馬券攻略本シリーズ

トリプルバイアス予想理論
ポジション・展開・馬の特性で極める前残り戦略!

前田一太 著

定価1980円（1800円+税）　好評発売中!!

《前残りこそ凡人の生きる道!》

トリプルバイアス予想理論で的中を連発する人気予想家・前田一太による初の単行本!「ポジション」「展開」「馬の特性」という3つのバイアスを使って激走馬をあぶり出します!

ウマゲノム版 種牡馬辞典
2021-2022

今井雅宏 著

定価3300円（3000円+税）　好評発売中!!

《「穴馬券を獲るため」に作られた種牡馬辞典の決定版》

一般的な種牡馬データからは見えてこない、“精神構造”の部分に着目した大人気シリーズの最新版!「ラップ分析」「レース上がりグラフ」という新たなデータも収録した充実の一冊です!

レース質マトリックス
競馬は全て二択である

立川優馬 著

定価1980円（1800円+税）　好評発売中!!

《デジタルでもアナログでもなくロジカルに!》

予想界の超新星・立川優馬の初単行本。「レース質」と「馬単位」をベースに二択で絞る手法を余すことなく紹介します。目指すは全レースを買っての回収率100%超え!

最新の馬券理論、旬のインタビュー、
オリジナルデータ、POG情報…

競馬の勝ち方を読む!

最先端の儲かる理論を
発信し続ける馬券攻略雑誌

競馬王

3・6・9・12月の8日発売

7月号の特集は「2歳戦とローカル」

井内利彰、今井雅宏、亀谷敬正、キムラヨウヘイ、馬場虎太郎、TARO、馬券裁判男卍、メシ馬、棟広良隆らが、2歳戦とローカル開催を大解剖。夏の間に年間収支プラスを決めてしまいましょう。人気YouTuberショコ壱番屋が競馬誌初登場。競馬王POG関連企画、ウマ娘企画など盛りだくさんの内容です。

最先端の儲かる理論を発信し続ける馬券攻略雑誌

ニコニコ公式チャンネル 競馬王チャンネル

- Point1 競馬王本誌&単行本の理論該当馬が一目瞭然!
- Point2 競馬王ライター陣の重賞予想も読める!
- Point3 土曜の馬場傾向から日曜の狙い馬もわかる!
- Point4 便利なメール配信サービスで激アツ馬を見逃さない!

毎週金曜21時はニコ生「リアル競馬王」をチェック!!（視聴無料）

ニコニコ公式ch『競馬王チャンネル』アクセス方法

初月無料!

競馬王チャンネル　検索

QRコードでアクセス! スマホにも完全対応!

継続利用で初月無料。月額550円（税込）

URL **http://ch.nicovideo.jp/keibaoh**

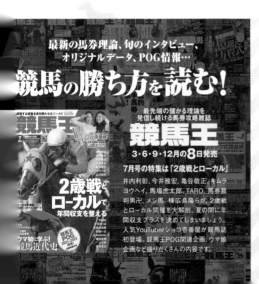